고교생 오타니 쇼헤이의
최강 멘탈 수업

OTANI SHOHEI NO SEISHINRYOKU

© Hatsumi Nishida 2024

Korean translation rights arranged with Seidansha Publico

through Japan UNI Agency, Inc., Tokyo and Tony International, Seoul

고교생 오타니 쇼헤이의
최강 멘탈 수업

니시다 하쓰미 지음 | 김정환 옮김

Ohtani Shohei

오타니처럼 좋아하는 일을 열심히 해보자
한근태, 한스컨설팅 대표

개인적으로 재정의하는 일을 좋아한다. 다른 사람이 아닌 나만의 정의가 재정의이다. 이를 보면 그 사람의 생각을 엿볼 수 있기 때문이다. 그렇다면 쓰레기는 무엇일까? "쓰레기는 남이 버린 운이다."라는 것이 오타니 쇼헤이의 생각이다. 그가 쓰레기를 줍는 이유이다. 이 말을 듣는 순간 충격을 받았다. 어떻게 젊은 친구가 이런 생각을 할 수 있을까? 근데 이 책을 보면서 이유를 알 수 있었다.

이 책에서는 세 가지 힘인 성신력成信力, 고락력苦樂力, 타희력他喜力을 강조한다. 성신력은 스스로를 믿어 의욕을 키우는 능력, 고락력은 고통을 즐거움으로 바꾸는 능력, 타희력은 남을 기쁘게 하는 능력인데 보통의 자기계발 책에서 놓치는 부분이다. 일신상의 편안함을 위해 열심히 노력하는 것과 남을 즐겁게 하기 위해 노력하는 건 차원이 다르다. 그런데 이 책에서는 그걸 알려준다. 이 책을 읽으면서 설렜다. 몇 가지를 내게 적용하고 싶었기 때문이다. 뭔가 삶에 변화를 주고 싶은가? 이 책을 권한다.

당신의 잠재력을 폭발시키는 멘탈 매뉴얼이다

고현숙, 국민대 교수·코칭경영원 대표코치

당신은 성공을 어떻게 정의하는가? 나는 '성공이란 잠재력에 도달하는 것'이라는 정의에 매료되었다. 우리는 타고난 잠재력을 얼마나 발휘하고 있을까? 이 질문을 해보면 아주 높게 대답한 사람이 70퍼센트였고 2퍼센트라는 사람도 있었다. 2퍼센트라고 대답한 사람이 카이스트 교수였다. 이건 무얼 의미할까? 우리는 평범한 사람도 의지력을 발휘할 계기가 생기고 최선을 다하여 단련하는 열정을 쏟으면 놀라운 성과가 가능하다는 걸 이미 알고 있다는 뜻이다.

이 책은 오타니 쇼헤이의 멘탈 트레이닝을 소재로 사람들의 잠재력을 폭발시키는 방법을 알려주는 멘탈 매뉴얼이다. 코칭의 구루 존 휘트모어John Whitmore는 "잠재력 발휘를 가로막는 것은 두려움"이라고 했다. 이 책의 저자도 부정적인 생각을 지우는 클리어링 방법을 설명해준다. 설레는 목표를 세우는 법, 자신의 가능성을 의심하지 않는 법, 남을 동경하는 것이 나쁜 것은 아니지만 마음에서부터 지고 들어가서는 안 된다는 지혜도 알려준다. 남의 발목을 잡아 끌어내리려는 마음이 아니라 자신의 가능성을 믿어야 한다. 실패를 빨리 클리어링할 뿐더러 잘한 것에 안도감을 느끼고 머물러서도 안 된다. 오직 현재에 집중하며 최고의 자신을 실현해나가는 멘탈 내비게이션을 어떻게 설계할지 알려준다.

이 책은 읽는 것만으로도 동기부여가 된다. 너무 작게 세운 목표를 재검토하게 될 것이다. 목표를 세우고도 안 될 것이라는 생각, 그건 무리라는 무의식적인 자포자기, 이만하면 되었다는 안주를 박차고 나아가게 하는 힘이 있다. 당신이 운동선수든, 기업의 리더든, 나이가 젊든 많든, 가장 멋진 꿈을 꾸고 그걸 실현하는 데 도움을 준다. 우리의 잠재력에 도달하기 위해 생생한 이미지를 그리고 체계적인 내비게이션을 만들며 매일 일상의 긍정 멘탈 습관들을 만들어내는 방법을 알려준다. 관습적인 생각이 얼마나 우리의 잠재력을 갉아먹는지를 깨닫게 해준다.

'나'의 최대 능력치를 끌어내는 기술을 배우자

이윤규, 변호사·『공부의 본질』저자

멘탈의 중요성에 대해서는 모르는 사람이 없다. 하지만 왜 그것이 중요한지에 대해 아는 사람은 거의 없다. 멘탈 자체를 단련하는 일은 순수한 의미의 자기계발이나 종교의 영역에 속한다. 공부를 하는 사람이나 일을 하는 사람이 멘탈을 다듬어야 하는 이유는 그것이 성과에 결정적 영향을 미치기 때문이다.

이 책은 세계 최고의 운동선수 중 한 명인 오타니 쇼헤이의 멘탈 관리 기술을 중점적으로 다룬다. 뇌 훈련 기초지식, 목표설정 기술, 사고 기술, 기분전환의 기술, 승부욕을 다루는 법, 긍정 뇌를 만드는 기술, '기'를 컨트롤 하는 법이 담겨 있다. 실전에서의 멘탈 관리 기술 등을 대뇌 생리학, 인지 심리학, 스포츠 심리학에 기반하여 설명하고 있다.

나는 9개월의 준비로 사법시험에 합격하기 위해 수험 과정 동안 끊임없이 스포츠 선수들을 벤치마킹했다. 정신과 신체의 관리에서는 스포츠 선수만한 집단이 없다고 생각했기 때문이다. 공부나 일역시 몸의 일부인 뇌와 손으로 하는 것이다. 그렇기에 프로로부터 그것들을 효율적으로 관리하고 최대의 능력치를 끌어낼 수 있는 기술을 배워야 한다.

공부법은 교육심리학의 학습 기술 분야에 속한다. 우리가 알고 있는 읽고 듣고 쓰고 말하는 능력은 1차적 기술Primary Strategy이라고 부른다. 반면 지금까지 주목받지 못했지만, 1차적 기술을 습득한 사람이라면 결과를 좌우하는 것은 멘탈 관리나 계획법 등을 포괄하는 2차적 기술Support Strategy이라는 것이 많은 사람의 인터뷰와 수기 등을 통해 확인되고 있다. 그런데 2차적 기술에 대해서는 오히려 교육심리학보다는 스포츠심리학에서의 연구가 더욱 상세하고 포괄적이다.

이 책은 그러한 연구성과 중 핵심적인 것들만을 모아 실용적인 순서로 재편하여 설명한다. 지금까지 멘탈을 다루는 책들이 적지 않았지만 대부분이 소위 성공학을 바탕으로 특별한 이론적 근거나 증거가 없이 정신적 무장만을 강화시키는 경우가 많았다. 하지만 이 책은 탄탄한 이론적 뒷받침 아래 쉽고 설득력 있게 실용적 기술을 알려준다.

이 책은 스포츠 선수를 위한 책이 아니다. 결과를 만들고 싶어 하는 성과에 목마른 사람이라면 누구나 읽어야 할 책이다. 의지나 의욕은 앎에서 비롯된다. 그저 '멘탈을 강하게 해야 한다'는 공허한 말에 지쳤던 독자라면 반드시 읽어보길 권한다.

오타니 쇼헤이처럼 벽을 넘어 최고의 '나'를 만들자

2023년 12월 11일에 놀라운 뉴스가 일본 전역을 들썩이게 했다. 오타니 쇼헤이 선수가 스포츠계 전체를 통틀어 역대 최고 규모인 10년 7억 달러에 LA 다저스와 계약했다는 것이다. 또한 그가 2024년부터 10년 동안 받는 연봉은 매년 200만 달러이며 10년 후인 2034년부터 10년에 걸쳐 나머지 6억 8,000만 달러를 받게 된다는 사실도 알려졌다. 그러나 그의 관심사와 목표는 거액의 부가 아니다. '세계 최고의 야구 선수가 되는 것'이다.

오타니 선수의 끝을 모르는 탐구심은 이미 고등학생일 때부터 존재했다. 그는 매일 야구 훈련을 하고 학교생활을 하는 가운데 나에게 슈퍼 브레인 트레이닝SBT, Super Brain Training을 지도받았다. 슈퍼 브레인 트레이닝은 운동선수뿐만 아니라 비즈니스맨이나 경영자에게도 필요하다. 이 훈련은 자신이 내건 목표를 달성하기 위해 필요한 행동을 끈기 있게 계속하고 중요한 승부처에서 실력 이상의 능력을 발휘해 목표를 달성할 수 있도록 '뇌의 관점에서 접근해 마음을 컨트롤하는 방법론'이기 때문이다. 대뇌 생리학과 심리학에 기반을 두고 있다.

또한 오타니 선수는 '성신력成信力*'을 터득함으로써 성공으로 이끄는 뇌를 만들어내는 데도 성공했다. 성신력이란 '나는 할 수 있다.'라고 믿음으로써 최고의 실력을 발휘할 수 있는 상태를 만드는 힘을 가리킨다. 현재 오타니 선수가 거둔 성공은 이 성신력을 터득했기에 가능했다고 해도 과언이 아니다.

오타니 선수가 성신력을 유감없이 발휘한 장면을 소개하겠다. 2023년 3월 21일에 열린 제5회 월드 베이스볼 클래식WBC, World Baseball Classic 결승전이었다. 일본은 3대 2로 미국에 1점을 앞선 상태에서 9회 초 수비에 들어갔을 때 마무리를 위해 오타니 선수를 마운드에 올렸다. 선두 타자를 4볼로 내보냈지만 다음 타자를 병살로 잡아내 아웃카운트 하나만을 남겨놓은 상황이었다. 이때 타석에 들어선 타자는 마이크 트라웃 선수였다. 당시 오타니 선수의 소속팀이었던 LA 에인절스에서 같이 뛰는 동료이자 미국 대표팀의 주장이며 현역 메이저리거 중 최고의 타자로 평가받는 선수다. 일본뿐만 아니라 미국 전역의 메이저리그 팬들이 긴장감 속에서 승부의 향방을 지켜봤다.

승부는 극적으로 흘러갔다. 투아웃에 3볼 2스트라이크. 공 하나에 경기가 결정될 수도 있는 상황에서 오타니 선수가 던진 바깥쪽

---

* '성신력'은 주식회사 산리의 등록상표이다. 성신력이란 '나는 할 수 있다.'라고 믿음으로써 최고의 실력을 발휘할 수 있는 상태를 만드는 힘을 가리킨다.

으로 빠져나가는 슬라이더에 트라웃 선수의 배트가 허공을 갈랐다. 일본 대표팀이 2009년의 제2회 대회 이후 세 번째 우승 트로피를 들어 올렸던 순간이다.

이 경기에서 오타니 선수는 3번 지명타자로 선발 출장해 3타수 1안타를 기록했으며 유니폼이 흙투성이가 될 만큼 적극적으로 플레이했다. 그리고 1점을 앞선 상황에서 9회 초를 맞이하자 불펜에서 천천히 걸어 나와 마운드로 향했다. 이때 머릿속에서 이런 장면을 그리고 있었다.

"투아웃에 주자가 없는 상황에서 트라웃 선수를 상대한다. 이것이 최고의 시나리오라고 생각했습니다."

결국 상황은 오타니 선수가 머릿속에서 그린 대로 전개됐다. 그리고 자신이 그린 이미지대로 트라웃 선수를 삼진으로 잡아내며 경기를 마무리했다. 오타니 선수의 '성신력'이 결실을 본 순간이었다.

그 후 메이저리그 시즌이 시작된 뒤에도 오타니 선수의 기세는 멈출 줄 몰랐다. 선발 투수로서는 10승을 거둬 두 자릿수 승리를 달성했다. 타자로서는 홈런을 양산한 끝에 44홈런을 기록해 일본인 선수로는 최초로 메이저리그 홈런왕이 됐다. 그리고 이런 놀라운 성적에 힘입어 2021년에 이어서 두 번째로 아메리칸리그 최우수 선수상MVP을 수상했다. 이제 오타니 선수가 슈퍼스타라는 데 이론을 제기하는 사람은 아무도 없을 것이다.

이렇게 적어놓으면 오타니 선수가 지금까지 순탄한 야구 인생을 걸어왔을 것으로 생각하는 사람도 많을 것이다. 그러나 사실 오타니 선수의 야구 인생은 고난의 연속이었다. 고등학생 시절에는 고시엔에 두 차례 진출했지만 고관절 통증 등의 영향으로 단 1승도 올리지 못했다. 프로 선수가 된 뒤에도 투수와 타자의 겸업이라는 소위 이도류二刀流를 고집해 많은 야구 평론가와 야구팬에게 회의적인 의견을 들었다. 게다가 2017년부터는 3년 연속으로 각각 오른쪽 발목, 오른쪽 팔꿈치, 오른쪽 무릎을 수술받았다. "미국에서 이도류는 불가능하다."라는 목소리도 컸다.

그러나 오타니 선수는 포기하기는커녕 '더 높은 수준의 무대에서 플레이하고 싶다.'라는 일념으로 재활에 열중했다. 트레이닝과 영양 관리에도 남들보다 훨씬 신경을 쓰며 꾸준히 육체 강화에 힘썼다. 그 결과 메이저리거에게도 밀리지 않는 육체를 손에 넣었다. 나는 '어떤 선수'의 한마디가 인연이 되어 고등학교 재학 중의 오타니 선수에게 멘탈 트레이닝을 지도했다. 그때의 지도가 오타니 선수의 이런 행보에 영향을 끼쳤다고 확신한다('어떤 선수'에 관해서는 본문에서 언급하겠다).

안타깝게도 2023년 시즌 도중에 또다시 오른쪽 팔꿈치의 부상이 재발해 일찍 시즌을 마치게 됐고 얼마 후 두 번째로 오른쪽 팔꿈치 수술을 받았다. 이에 따라 2024년 시즌에는 투수로서 마운드에 선 오타니 선수의 모습을 볼 수 없게 됐다. 그러나 오타니 선수라면 틀림없이 높은 성신력을 발휘해 부상이라는 위기를 기회로 바꿀 것이다. 야구 기술의 향상과 육체 개조에 끊임없이 힘쓰고 멘탈도 더욱 단련해 지금보다 더 발전한 모습으로 메이저리그의 마운드에 돌아오리라 믿어 의심치 않는다.

이 책의 「최강 멘탈 수업 1」에서는 내가 오타니 선수를 지도하게 된 경위를 소개했다. 「최강 멘탈 수업 2」부터 「최강 멘탈 수업 5」에서는 내가 지도한 구체적인 노하우를 일반인 독자도 쉽게 이해할 수 있으며 운동선수뿐만 아니라 비즈니스맨과 경영자도 실천할 수 있도록 해설했다. 「최강 멘탈 수업 2」에서는 성신력을 높이는 데 필요한 기초 지식과 4가지 능력에 관해 설명했다. 「최강 멘탈 수업 3」에서는 성공하기 위해 반드시 필요한 뇌의 힘을 활용하는 방법을 소개했다. 「최강 멘탈 수업 4」에서는 무념무상의 상태를 만드는 기 컨트롤 방법인 삼기법三氣法을 소개했다. 「최강 멘탈 수업 5」에서는 인생을 좌우하는 중요한 무대에서 최강의 멘탈을 유지하는 데 도움이 될 비장의 방법을 전수했다. 마지막인 「최강 멘탈 수업 6」에서는 아직 평범한 고등학생이었던 시절의 오타니 선수를 되돌아봤다. 독자 여러분이 '나도 성공할 수 있다.'라는 긍정적인 이미지를 갖게 된다면 기쁠 것이다.

이 책에서 전수한 노하우를 실천해 진정한 성공을 거두고 싶은 분과 자신을 가로막는 벽을 넘지 못하는 분이 '최고의 나'를 손에 넣기를 진심으로 기원한다.

니시다 하쓰미

최강 멘탈 수업 1
기술 향상과 육체 개조보다 중요한 멘탈 단련 · 21

최강 멘탈 수업 2
최고의 '나'를 만드는 기초 지식과 4가지 기술 · 45

최강 멘탈 수업 **6**
오타니 쇼헤이처럼 뇌 만들기 · 201

최강 멘탈 수업 1

기술 향상과 육체 개조보다
중요한 멘탈 단련

Ohtani Shohei

<<<<<<<<<<<<<<<
사사키 감독의 철학
: 야구 선수 육성이 아닌 야구를 잘하는 훌륭한 인간을
  육성한다

내가 오타니 선수와 어떻게 만났는지 이야기하기에 앞서 오타니 선수의 모교인 이와테현 하나마키히가시 고등학교 야구부의 사사키 히로시 감독과의 인연부터 언급해야 할 것 같다.

2008년 12월 22일 내가 사장으로 있는 멘탈 트레이닝 회사 산리의 회장이며 나의 아버지이기도 한 니시다 후미오가 시즈오카현의 아타미에서 '운과 행운'을 주제로 세미나를 개최했다. 세미나

참가자 중 99%는 기업 경영자였다. 그들 사이에 체격이 좋은 남성 한 명이 날카로운 눈빛으로 니시다 회장의 이야기를 열심히 듣고 있었다. 그 남성이 바로 하나마키히가시 고등학교 야구부의 사사키 감독이었다.

사사키 감독이 부임하기 전의 하나마키히가시 고등학교 야구부는 전국 무대에서 완전히 무명이라고 해도 이상하지 않았다. 1964년과 1990년 여름 고시엔에 진출한 경력이 있지만 1승 2패라는 부진한 성적을 냈을 뿐이다. 사사키 감독도 고향인 이와테현의 공립학교인 구로사와지리기타 고등학교 야구부에서 선수로 뛰었지만 고시엔과는 인연이 없었다. 그는 고등학교를 졸업한 뒤 고쿠시칸 대학교에 진학했다. 이때 대학교 선배이기도 한 미즈타니 데쓰야 감독이 지휘하는 가나가와현의 요코하마하야토 고등학교에 교육 실습을 갔던 인연으로 졸업 후 야구부 코치를 맡게 됐다. 그 후 2000년에 고향인 이와테현의 하나마키히가시 고등학교의 교사로 부임해 배드민턴부와 여자 소프트볼부의 고문을 거쳐 2년 후인 2002년에 야구부 감독으로 취임했다. 그로부터 3년 후인 2005년 여름에 팀을 고시엔으로 이끌었다. 그러나 고시엔 데뷔전에서 가고시마현의 쇼난 고등학교에 4대 13으로 대패하며 혹독한 신고식을 치렀다. 그런 때에 산리의 세미나를 수강했던 것이다.

고등학교 야구 감독이라고 하면 선수들을 때로는 질타하고 격려하면서 매일 그라운드에서 땀을 흘리는 이미지를 가진 사람이 많을지도 모른다. 그러나 사사키 감독은 선수를 꾸짖기보다 스스로 생각하면서 노력하는 힘을 키워주자고 생각하는 듯했다. 내가 하나마키히가시 고등학교에 가서 선수를 지도했을 때다. 그는 나에게 다음과 같이 말했다.

"우리 야구부의 신조는 '야구 선수를 육성한다.'가 아니라 '야구를 잘하는 훌륭한 인간을 육성한다.'입니다."

그의 말은 지금도 머릿속에 강한 인상으로 남아 있다.

고교야구의 감독이라면 누구나 '우수한 야구 선수를 키우고 싶다.'라고 생각하게 마련이다. 그러나 아무리 기술이나 체력이 다른 선수보다 뛰어나더라도 가장 중요한 '마음'을 자신의 이미지대로 컨트롤하지 못한다면 전국 대회 진출이 걸린 중요한 대회 혹은 전국 대회 우승자를 결정짓는 경기에서 자신의 실력을 100% 발휘하지 못한다. 사사키 감독은 그 사실을 깨달았기에 산리의 세미나에서 운 또는 행운을 불러들이기 위한 '마음 단련법'을 공부했다. 제자인 고등학생들이 야구를 통해서 훌륭한 인간으로 성장할 수 있도록 힘을 쏟자고 생각했던 것이다.

2007년 여름에 하나마키히가시 고등학교는 또다시 고시엔에 진출했다. 비록 1회전에서 니가타메이쿤 고등학교에 0대 1로 패해 탈락했지만 얻은 수확은 매우 컸다. 당시 1학년으로서 2년 후 사이타마 세이부 라이온즈에 드래프트 1위로 지명되는 기쿠치 유세이 투수(현재는 휴스턴 애스트로스 소속)가 고시엔 무대에 데뷔한 것이다.

기쿠치 투수는 최고 시속 145킬로미터의 빠른 공을 구사하며 5이닝을 단 1실점으로 틀어막았다. 하지만 안타깝게도 그 1점이 결승점이 되어 석패하고 말았다. 그러나 이때의 패배가 팀에 밑거름이 되고 기쿠치 투수도 더욱 성장해 하나마키히가시 고등학교는 2년 후인 2009년에 센파츠 준우승과 고시엔 4강이라는 놀라운 성적을 거둘 수 있었다.* 나는 사사키 감독이 산리의 세미나에 참가하고 3개월 뒤에 고시엔에서 훌륭한 결과를 낸 사실을 매우 자랑스럽게 느꼈다.

이때 당시 중학교 3학년이었던 한 소년이 하나마키히가시 고등학교가 고시엔에서 약진하는 모습을 텔레비전으로 보고 있었다. 바로 오타니 쇼헤이 선수다. 만약 기쿠치 투수의 대활약이 없었다면 오타니 선수의 진로는 어떻게 됐을지……. 이 해에 하나마키히가시 고등학교가 고시엔에서 보여준 약진은 이 학교에도 그리고 오타니 선수에게도 커다란 전환점이 된 사건이었던 셈이다.

《《《《《《《《《《《《《《

기쿠치 유세이의 성실함
: 끊임없이 생각하고 도전하며 목표를 향해 다가가다

하나마키히가시 고등학교 출신으로 세상의 주목을 받은 첫 프로

---

* 센파츠(선발을 뜻하는 일본어)와 고시엔은 모두 매년 효고현의 한신 고시엔 구장에서 개최되는 전국 고교야구 선수권 대회를 가리킨다. 센파츠는 3~4월에 개최되며 정식 명칭은 선발 고등학교 야구대회다. 고시엔은 8월에 개최되며 정식 명칭은 전국 고등학교 야구선수권대회다. 센파츠는 봄의 고시엔이라고 불리기도 한다-옮긴이

야구 선수는 현재 메이저리그에서 활약하는 기쿠치 유세어 투수다. 2009년 봄에 센파츠에서 하나마키히가시 고등학교를 준우승으로 이끌며 이름을 알렸다. 여름의 고시엔에서도 4강전 진출이라는 대약진의 원동력이 됐다.

그는 일본 프로야구 드래프트 전에 이미 메이저리그에서도 관심을 보여 국내 12개 구단과 함께 메이저리그의 8개 구단과도 면담하는 등 주목을 한몸에 받았다. 결국 드래프트 1위로 세이부 라이온즈 입단이 결정됐다. 그 직후 "저는 아직 세계에서 통할 수 있는 수준이 못 됩니다. 먼저 일본에서 인정받은 뒤에 세계 무대에서 뛰고 싶습니다."라는 뜻을 밝혔다.

입단하면서 등번호로 '17번'을 받은 기쿠치 투수는 몇 년 후에는 세이부, 나아가 일본을 대표하는 에이스로 성장한 뒤 당당하게 메이저리그에 입성한다는 미래를 그리며 프로 생활을 시작했다. 그러나 입단 1년 차부터 커다란 시련이 찾아왔다. 왼쪽 어깨에 통증이 생긴 것이다. 결국 기쿠치 투수는 그 해에 1군 데뷔는 고사하고 2군에서도 만족스러운 피칭을 하지 못하는 불완전 연소 상태로 시즌을 마치게 됐다.

내가 그와 만난 것은 바로 이 해였다. 나는 슈퍼 브레인 트레이닝sBT의 연간 개인 지도라는 형태로 1회당 3~4시간 정도 멘탈 트레이닝을 했다. 기쿠치 투수는 내가 메인 강사로서 개최했던 '슈퍼 브레인 트레이닝sBT 프리미엄 스쿨'이라는 비즈니스 스쿨에 게스트로 참가해 주기도 했다. 그의 장점은 끝을 모르는 성장 욕구와

정정당당한 사고방식이다. 멘탈 트레이너로서 그를 돕는 가운데 사고방식이 매우 확고하고 도저히 20세 전후의 청년이라고 생각되지 않을 만큼 어른스러웠던 것을 지금도 똑똑히 기억하고 있다.

그는 매년 진화를 거듭했고 2016년에 프로 데뷔 후 첫 두 자릿수 승리를 기록했다. 2017년에는 퍼시픽리그 최다승과 최우수 평균자책점 타이틀을 획득했고 2018년에도 14승 4패라는 훌륭한 성적으로 세이부 라이온즈의 2년 연속 퍼시픽리그 우승에 공헌했다. 그리고 2018년 겨울 기쿠치 투수는 이런 활약을 팀에 고별 선물로 남기고 메이저리그로 떠났다. 당시 이치로 선수가 소속돼 있었던 시애틀 매리너스에 입단해 새로운 도전을 시작한 것이다.*

기쿠치 선수를 만나 개인 지도를 했던 시간은 내게도 귀중한 경험이었다. 그의 장점은 뭐니 뭐니 해도 성실하고 긍정적인 성격이다. '어떻게 해야 좀 더 야구를 잘할 수 있을까?'를 끊임없이 생각하며 다양한 트레이닝 방법에 도전했다. 우리가 그런 그의 자세에서 많은 것을 배웠을 정도다.

---

* 이치로 선수는 이듬해인 2019년 3월에 도쿄돔에서 열린 메이저리그 개막전 두 경기를 마지막으로 현역에서 은퇴했다.

<<<<<<<<<<<<<<

고교 2학년 오타니
: 부정을 긍정으로 바꾸고 결정적 상황에서 실력을 발휘한다

나는 오타니 선수가 하나마키히가시 고등학교 2학년이었을 때 처음 만났다. 그의 3년 선배인 기쿠치 투수에게 받은 전화가 계기였다.

"제 모교의 3년 후배 중에 저보다 대단한 선수가 있는데 1학년일 때 고시엔 진출을 이루지 못했습니다. 니시다 선생님께서 슈퍼브레인 트레이닝SBT의 멘탈 지도를 하러 가주실 수는 없을까요?"

내가 개인 지도를 했던 기쿠치 투수가 자신의 모교인 하나마키히가시 고등학교의 후배 선수를 지도해달라고 부탁한 것이다. 거절할 이유가 전혀 없었다. 두말없이 즉시 승낙했다. 지금도 당시 기쿠치 투수가 "비용은 전부 제가 부담하겠습니다."라고 말해서 감동받았던 기억이 생생하다.

기쿠치 투수는 왜 그렇게까지 모교의 후배를 신경 썼을까? 물론 그중 하나는 오타니 선수가 그만큼 훌륭한 소질을 지녔기 때문이지만 그 이상으로 강조한 말이 있었다.

"모교에 은혜를 갚고 싶습니다."

그에게는 '하나마키히가시 고등학교 야구부라는 환경에서 성장했기에 지금의 내가 있다. 그러니 프로야구 선수가 된 이상 야구부의 후배들에게 도움을 주자.'라는 강한 마음이 큰 동기였던 것이다.

그렇게 해서 나는 하나마키히가시 고등학교 야구부 합숙소를 찾아가 오타니 선수와 만났다. 그때 받은 첫인상은 '번쩍번쩍이 아니라 반짝반짝이구나.'였다. 번쩍번쩍은 타인의 발목을 잡아끌어서 이기겠다는 '비뚤어진 승부욕'이고 반짝반짝은 '나는 반드시 더 나아질 거야.'라는 '정정당당한 승부욕'이다. 오타니 선수는 후자였던 것이다.

　또 한 가지 감탄한 점은 교실에 선수들이 들어올 때 오타니 선수만 싱글벙글한 표정이었다는 것이다. 다른 선수들은 모두 진지한 표정으로 들어왔는데 오타니 선수만은 '지금부터 무엇이 시작되려나?'라는 표정을 짓고 있었다. 내 강의는 좌학座學, 즉 어떤 과제를 지도자로부터 강의 형태로 배우는 교육 방식이 중심이기 때문에 굳이 따지자면 공부로 받아들이는 선수가 많다. 그렇다 보니 진지한 표정으로 교실에 들어오는 것은 지극히 자연스러운 현상이다. 그러나 오타니 선수는 달랐다. 명백히 '이 강의 시간도 신나게 즐기자.'라는 마음이 표정에 드러나 있었다. 나는 다양한 종목의 운동선수를 지도해 왔다. 그런데 지금까지 처음부터 싱글벙글한 표정으로 교실에 들어온 것은 오타니 선수가 유일하다.

　그 후 멘탈 체크라는 심리 검사를 시행했는데 놀라운 결과가 나왔다. 전체적으로 점수가 높은 가운데 특히 '클리어링Clearing 능력'과 '사이킹업Psyching-up'이라는 항목에서 다른 선수에 비해 독보적인 점수를 기록한 것이다. 클리어링 능력이란 경기 도중에 발생한 불쾌한 일을 머릿속에서 지우는 능력이다. 가령 야구를 예로 들면 투수가 홈런을 맞은 뒤에 '젠장, 실투를 해 버렸어!'라는 후회를 길게 끌지 않고 최대한 빠르게 기억에서 지워버릴 수 있느냐 없느냐는 것이다. 요컨대 부정적으로 되려고 하는 뇌를 긍정적으로 활기차게 일하는 뇌로 전환하는 능력이다. 오타니 선수는 일류 운동선수에게 필요한 이 클리어링 능력을 고등학교 2학년의 시점에 이미 갖추고 있었다.

사이킹업은 결정적인 상황에서 실력을 100% 발휘해 자신이 바라는 결과를 얻기 위한 능력이다. 이를 위해서는 자신의 마음을 확실히 컨트롤할 수 있어야 한다. 그런데 오타니 선수는 놀랍게도 이 사이킹업 항목에서 20점 만점 중 20점이라는 경이적인 성적을 냈다. 나는 큰 충격을 받았다. 그때까지 골프, 농구, 배구, 배드민턴 등 다양한 스포츠의 일류 선수들을 지도해 왔지만 고등학생 수준에서 오타니 선수만큼 높은 멘탈을 갖춘 선수는 본 적이 없었기 때문이다.

어떤 사람이든 결점은 있다. 특히 멘탈의 경우는 섬세한 부분이기 때문에 누구든 어딘가에 결점이라고 말할 만한 측면이 있다고 해도 전혀 이상한 일이 아니다. 그런데 오타니 선수는 달랐다. 몇 가지 작은 개선점은 있을지언정 큰 결점이라고 말할 만한 것이 전혀 보이지 않았다. 게다가 내가 지도를 시작했을 때 아직 16세였다. 그래서 '이대로 순조롭게 성장한다면 대체 미래에 얼마나 엄청난 야구 선수가 될까?'라고 기대했던 것을 지금도 마치 어제의 일처럼 생생하게 기억하고 있다.

고등학생 시절에 필자의 강습을 수강하는 오타니 쇼헤이 선수. 설렘으로 가
득한 표정이 인상적이다.내가 지도를 시작했을 때 아직 16세였다. 그래서 '이
대로 순조롭게 성장한다면 대체 미래에 얼마나 엄청난 야구 선수가 될까?'라
고 기대했다. (제공: 주식회사 산리)

《《《《《《《《《《《《《《《

슈퍼 브레인 트레이닝 ①
: 설레는 마음으로 바보처럼 투타 양면에서 일류를 지향한다

"상식의 틀에 얽매이지 말고 부수며 나아갈 생각을 하시오."

내가 오타니 선수에게 제일 먼저 전한 메시지다. 과거의 경험을 근거로 '이것은 가능해.' '이것은 불가능해.'라고 생각하는 사람은 과거의 상식 속에서만 사물을 판단하는 경향이 있어서 감히 새로운 도전에 나서지 못한다. 그런 틀을 무너뜨리고 '설렐 수 있는 것'을 찾을 수 있어야 한다. 나는 앞으로 오타니 선수가 크게 성장하려면 이것이 가장 중요하다고 생각했다.

먼저 팀에는 '고시엔 진출'을 목표로 삼게 했다. 그리고 2011년에 동일본 대지진으로 도호쿠 지방의 태평양 연안 지역이 괴멸적인 피해를 보았기 때문에 이런 말도 덧붙였다.

"지금 도호쿠는 지진의 피해 때문에 활기를 잃었어. 하지만 너희가 포기하지 않고 열심히 노력한다면 틀림없이 이와테현의 사람들은 물론이고 도호쿠 지방의 모든 사람이 자신의 일처럼 기뻐하며 활력을 되찾을 거야. 이건 이와테현 출신인 너희만이 할 수 있는 일이야."

하나마키히가시 고등학교 야구부는 다른 지역에서 온 선수가 거의 없이 이와테현 출신들로 구성되어 있었다. 내가 '왜 고시엔 진출을 목표로 삼는가?'를 전했을 때 선수들의 뇌에는 설레는 목표가

생겨났다. 여기에서 말하는 설레는 목표란 다음을 가리킨다.

① 꿈과 같은 커다란 목표
② 명확하고 구체적인 목표
③ 사명감을 동반한 목표

오타니 선수에게는 슈퍼 브레인 트레이닝SBT 멘탈 트레이닝을 지도할 때 내가 했던 말이 깊은 감명을 줬는지도 모른다. 그 말은 "설레는 마음으로 도전하는 바보가 돼라!" "불가능은 없다! 내가 되고 싶은 내가 돼라!"다. 이것이 '투타 양면에서 일류를 지향한다.'라는 '이도류를 향한 도전'으로 이어졌다. 앞에서 말했던 "상식의 틀에 얽매이지 말고 부수며 나아갈 생각"은 바로 이런 의미였다.

오타니 선수는 일본 프로야구의 구단인 홋카이도 닛폰햄 파이터즈에 드래프트 1위로 입단했을 때 이도류를 선언했다. 그러자 프로야구계의 원로들과 야구팬들 사이에서는 이런 말이 돌았다고 한다.

"그건 너무 무모한 도전이다."

"일본 프로야구가 그렇게 만만해 보이는가?"

"야수든 투수든 하나만 선택해서 집중하는 편이 좋다."

당시 그를 둘러싸고 이처럼 부정적인 의견이 다수를 차지했다. 무슨 말을 하고 싶은지는 충분히 이해한다. 프로야구의 긴 역사 속에서 이도류에 도전했던 사람이 전혀 없었던 것은 아니다. 그러나 많은 프로야구 팬의 기억에 남을 정도로 혹은 가시적으로 대기록이라고 말할 수 있을 정도의 성과를 남긴 선수는 전무하다고 해도 과언이 아니다.

그러나 오타니 선수는 그런 비판과 회의적인 목소리에도 아랑곳하지 않고 자신이 믿는 길을 초지일관 걸어갈 결심을 굳힌 상태였다. 그에게는 '이도류를 향한 도전'이야말로 야구에서 가장 설레는 일이었기 때문이다. 오타니 선수가 이도류를 고집하는 가장 큰 이유는 '뇌가 설렘을 느낄 수 있기 때문'이었다. 과거나 현재에 얽매이지 않고 앞으로 경험할 수 있는 것의 기쁨을 기대한다. 오타니 선수의 뇌는 그만큼 사물을 긍정적으로 생각하는 힘을 지녔다고 말할 수 있다.

《《《《《《《《《《《《《
슈퍼 브레인 트레이닝 ②
: 미래 메이저리그에서 활약하는 모습을 선명하게 본다

내가 하나마키히가시 고등학교 야구부를 지도한 지 몇 달이 지났을 무렵이다. 여름 고시엔 진출이 걸린 이와테현 대회가 시작됐다. 당시의 오타니 선수는 신체적으로 성장기였던 까닭에 투타 모두 완성형과는 거리가 먼 상태였다. 하지만 팀은 승리를 거듭한 끝에 선배인 기쿠치 투수 이후 2년 만에 고시엔 티켓을 거머쥐는 데 성공했다.

고시엔에서 맞붙은 첫 상대는 우승을 세 차례나 경험한 도쿄의 데이쿄 고등학교였다. '3번 타자, 우익수'로 선발 출장한 오타니 선수는 4회 도중에 마운드를 이어받아 투수로도 데뷔했다. 타석에서도 6회에 네 번째 타석에서 강렬한 좌전 적시타를 치는 등 뛰어난 실력을 엿볼 수 있는 활약을 보였다. 하지만 팀은 7대 8로 아쉬운 패배를 기록했다.

하나마키히가시 고등학교는 이듬해 봄의 센바츠에도 진출했다. 첫 상대는 강력한 우승 후보로 평가받은 강호 오사카토인 고등학교였다. 상대 팀의 에이스인 후지나미 신타로 투수는 훗날 한신 타이거스에 드래프트 1위로 입단했고 2023년 시즌부터 미국 메이저리그에 도전해 오클랜드 애슬레틱스와 볼티모어 오리올스에서 활약한 뒤 2024년에 뉴욕 메츠와 계약한 강속구 투수로 당시부터 큰 주목을 받고 있었다. 오타니 선수는 상대 팀 에이스의 명성에도 겁먹지 않고 '4번 타자, 투수'로 선발 출장해 타석에서 우측 담장을 넘기는 홈런을 쳐냈다. 그러나 8회까지 9실점을 허용하며 무너져 2대 9로 패하고 말았다.

오타니 선수의 이름을 일본 전역에 알린 경기는 3학년 여름의 이와테현 대회 준결승전이다. 이치노세키학원 고등학교를 상대한 오타니 선수는 6회 2사 2, 3루의 상황에서 몸쪽 낮은 코스에 빠른 공을 던졌다. 이 공이 고등학교 야구 역사상 최초로 '시속 160킬로미터'를 기록한 것이다. '오타니 쇼헤이'라는 이름은 순식간에 인터넷을 통해 전국으로 퍼져 나갔다. 결승전에서 모리오카대학교 부속 고등학교에 3대 5로 패해 안타깝게도 고시엔 진출에는 실패했다. 하지만 오타니 선수는 사람들에게 강렬한 인상을 남겼다.

그해 가을에 열릴 일본 프로야구 드래프트 전에 이미 오타니의 명성은 커져만 갔다. 일본뿐만 아니라 메이저리그 팀들도 관심을 보여 LA 다저스와 보스턴 레드삭스 같은 명문 팀과도 면담했다. 이때 오타니 선수도 자신의 꿈을 밝혔다.

"일본 프로야구보다 메이저리그에 대한 동경이 커서 마이너리그부터 시작할 각오로 도전하고 싶습니다."

그는 메이저리그 도전에 대한 열망을 드러냈다. 그러나 드래프트 1위로 지명해 교섭권을 얻은 닛폰햄이 일본에서 실적을 낸 다음 메이저리그에 진출하는 편이 활약하는 데 더 좋겠다고 설득했다. 그리고 투타 겸업의 이도류 육성 계획을 제시했다. 오타니 선수는 닛폰햄 입단을 결정했다.

고등학생 시절의 오타니 선수를 설레게 한 것은 야구의 발상지인 미국의 메이저리그에서 활약하는 것이었다. 그래서 나는 그가 고등학교를 졸업한 뒤 곧바로 메이저리그에 도전하겠다는 의사를 표명했을 때 다른 많은 사람처럼 '무모하다.'라고 생각하기보다 '당연히 그럴 것 같았어.'라고 강하게 느꼈다.

그때 오타니 선수가 메이저리그에 도전하고 싶다고 말할 수 있었던 것은 세계 정상급의 선수들이 모이는 메이저리그에서 활약하는 자신의 모습을 생생하게 보았기 때문이다. 즉 미래의 자기 이미지를 명확히 떠올릴 수 있었기에 자신감을 가지고 메이저리그 도전을 말할 수 있었던 것이다.

<<<<<<<<<<<<<<<
슈퍼 브레인 트레이닝 ③
: 멘탈 트레이닝을 일기 쓰듯 습관으로 갖추다

오타니 선수는 닛폰햄에서 5년 동안 뛰었는데 입단 4년 차 때인 2016년에 투수로서 10승을 하고 타자로서 22홈런을 치며 팀의 퍼시픽리그 우승과 통합 우승에 공헌했다. 2017년 시즌이 끝난 뒤 메이저리그로 진출해 LA 에인절스와 계약했다. 그리고 메이저리그에서도 이도류를 계속해 2021년 시즌에 타자로서 46홈런, 100타점, 26도루를 기록하며 아메리칸리그 최우수 선수상MVP을 수상했다. 게다가 2022년 시즌에는 1918년의 베이브 루스 이후 최초로 '두 자릿수 홈런, 두 자릿수 승리'를 달성했다. 2023년 시즌에는 44홈런으로 일본인 사상 최초의 메이저리그 홈런왕과 두 번째 아메리칸리그 최우수 선수상MVP이라는 위대한 업적을 달성했다.

내가 지도했던 고등학교 2학년의 오타니 선수는 소극적으로 되거나 "이젠 틀렸어."라고 포기하는 모습을 단 한 번도 보이지 않았다. 설령 팀이 고전하고 있더라도 위풍당당한 모습을 잃지 않음으로써 같은 유니폼을 입고 뛰는 동료들에게 신뢰와 안심이 되는 존재로 성장해 갔다. 메이저리그의 주목을 받으면서도 전혀 과시하지 않고 겸손한 자세를 유지했다. 그러면서 이도류라는 전인미답의 플레이어를 목표로 노력을 거듭했다. 만화에서나 나올 법한 이야기이지만 그에게는 평범한 현실이었다.

오타니 선수를 지도했던 것은 지금도 큰 재산이 되고 있다. 당시 고등학생이었던 그는 191센티미터의 장신임에도 몸무게가 76킬로그램에 불과했다. 193센티미터에 96킬로그램인 지금의 체격을 생각하면 신체적으로는 아직 성장 과정에 있었다. 실제로 성장통도 있었던 시기다. 그래서 자신의 육체를 단련하고 철저히 관리할 필요가 있었다.

한편 멘탈은 계속 단련했다. 육체는 아껴야 하는 측면이 있지만 정신은 다르다. 단련하자 혹은 개선하자고 생각하면 얼마든지 할 수 있다. 나는 그의 멘탈을 체크해 아직 성장할 수 있는 부분이 있는지 찾고 어떻게 향상시켜야 할지 철저히 분석한 뒤 멘탈 트레이닝을 실시했다.

나는 멘탈 지도를 할 때 선수를 짓궂게 놀리면서 이야기를 진행한다. 그런데 오타니 선수에게 말을 걸면 종종 독특한 대답이 돌아왔다. 그러면서도 주위의 분위기를 부드럽게 만드는 능력 또한 뛰어났다. 예전에는 '야구를 잘한다.'는 이유만으로 기고만장해져서 어딘가 골목대장 같은 분위기를 풍기는 선수가 적지 않았다. 그러나 오타니 선수에게는 그런 모습이 전혀 없었다. 그는 주위를 배려하면서도 "더 할 수 있어!" "괜찮아! 우린 반드시 이길 거야!" 같은 긍정적인 말을 연발해 주위를 고무시켰다.

그는 고등학생 시절부터 메이저리그에 강한 관심을 품고 있었다. 지금의 활약상을 볼 때마다 충실하게 보냈던 고등학생 시절에 그 기초가 형성됐음이 틀림없다고 느낀다.

5:45

쾌거

우승과 MVP! 오타니 쇼헤이
미공개 영상으로 보는 '이도류의
맨얼굴' 고교 시절에는 '문무양도'

오타니 쇼헤이 선수(당시 18세)

Q 참고로 영어는?

영어의 경우 시험 성적은 평범한 수준인데

5:45

쾌거

우승과 MVP! 오타니 쇼헤이
미공개 영상으로 보는 '이도류의
맨얼굴' 고교 시절에는 '문무양도'

오타니 쇼헤이 선수(당시 18세)

Q 참고로 영어는?

고등학생 시절의 오타니 쇼헤이 선수의 방에 있었던 책장. '슈퍼 브레인 트레이닝SBT'의 개발자인 니시다 후미오의 저서 『넘버 원 멘탈 트레이닝No.1 メンタルトレーニング』이 보인다(후지TV 계열 '라이브 뉴스 잇!' 2023년 3월 22일 방송에서)

[칼럼 1]

신체 능력이나 소질보다 포기하지 않는 마음가짐이 중요하다

: 투수 구와타 마스미는 39세에 메이저리그 마운드에 설 수 있었다

현재 요미우리 자이언츠의 2군 감독인 구와타 마스미는 고교야구의 명문 PL학원 고등학교에서 1학년 여름부터 3학년 여름까지 5회 연속으로 고시엔에 진출했다. 그는 제2차 세계대전 이후 고시엔 최다 기록인 통산 20승을 올렸으며 1985년에 드래프트 1위로 요미우리에 입단해서는 통산 173승을 기록한 레전드 투수다.

구와타 투수는 슈퍼 브레인 트레이닝SBT의 멘탈 트레이닝을 받은 최초의 프로야구 선수다. 그가 대단한 점은 엄청난 기대를 받으며 요미우리에 입단했음에도 1년 차에 고작 2승을 올리는 데 그치자 자신의 문제점을 곧바로 깨닫고 멘탈을 강화할 필요성을 느꼈다는 것이다. 그는 3년 이상 슈퍼 브레인 트레이닝SBT 개인 지도를 받았다. 멘탈 체크라는 심리 검사 결과를 보면 운동선수로서는 최고의 점수였다. 특히 '미래에 대한 목적의식' 부분에서는 만점을 받았으며 '몰아붙이는 능력'의 점수도 높았다. 이것이 구와타 투수의 강점이었다.

구와타 투수의 현역 시절을 되돌아보면 이 결과에 고개가 끄덕여진다. 그는 1994년에 요미우리를 우승으로 이끌며 최다 탈삼진 타이틀과 센트럴리그 최우수 선수상MVP을 수상했다. 이듬해에도 큰 활약이 기대됐다. 그러나 경기 중에 부상을 당해 오른쪽 팔꿈치

수술을 받는 불운을 겪었다. 그런 그의 진면목이 발휘된 것은 그 후였다.

요미우리의 2군 경기장에는 '구와타 로드'라고 불리는 길이 있었다. 외야의 우측 폴대에서 좌측 폴대 사이에 깔린 잔디의 가장자리가 벗겨져 생긴 길이다. 부상을 당한 구와타 선수가 1년 반 동안 묵묵히 러닝을 한 결과 만들어진 길이었기에 그런 이름이 붙었다. 부상을 당해서 1년 반 이상 공을 잡지 못하게 되면 '이젠 틀렸어.'라는 절망감과 불안감이 엄습해 마음이 꺾이더라도 전혀 이상하지 않다. 그러나 구와타 투수는 '미래에 부상을 극복하고 다시 마운드에서 활약하는 자신의 모습'을 믿었기에 그 기간 꾹 참고 묵묵히 러닝을 계속할 수 있었다. 실제로 1997년 시즌에 복귀한 구와타 투수는 그해에 10승을 올렸으며 이듬해에는 16승을 기록했다.

그런데 이 이야기는 여기에서 끝이 아니다. 그는 2006년 시즌을 마친 뒤 38세의 나이에 피츠버그 파이어리츠와 마이너리그 계약을 맺었다. 메이저리그 도전이라는 오랜 꿈을 이룬 것이다. 시범경기에서 실력을 높게 평가받아 메이저리그 승격이 기대됐다. 이때 또다시 사고가 발생했다. 3월 26일의 경기 도중 심판과 충돌하는 바람에 발목 인대가 파열되는 부상을 당해 은퇴 위기에 몰린 것이다. 나이를 생각하면 메이저리그 마운드에 서는 꿈은 좌절됐다고 해도 전혀 이상하지 않다. 당시 일본 언론에서도 "구와타 투수의 메이저리그 데뷔는 어려워졌다."라고 비관적인 논조로 보도했다.

그러나 구와타 투수는 달랐다. 오른쪽 팔꿈치 부상을 당했을 때와 마찬가지로 복귀를 위해 꾸준히 트레이닝을 거듭해 부상을 극복했다. 그리고 약 2개월 반 뒤인 6월 10일에 뉴욕 양키스와의 원정 경기에서 양키 스타디움 마운드에 섬으로써 메이저리그 데뷔를 이루었다.

그가 신장 174센티미터라는 작은 체구에 39세라는 고령의 일본인으로 메이저리그의 마운드에 선다는 꿈을 이룬 것은 그야말로 비상식적인 사건이다. 더군다나 거듭된 부상까지 겪었는데도 절대 포기하지 않고 그 꿈을 실현했다. 구와타 투수에게서는 사고를 극복하기 위해 중요한 것은 신체 능력이나 소질보다 마음가짐이라는 사실을 배울 수 있었다.

최강 멘탈 수업 2

최고의 '나'를 만드는
기초 지식과 4가지 기술

Ohtani Shohei

1. 오타니 쇼헤이의 뇌 훈련 기초 지식

<<<<<<<<<<<<<<<
멘탈 트레이닝은 보유 능력을 갈고닦아
발휘 능력을 선보인다

키 193센티미터에 몸무게 96킬로그램이라는 축복 받은 신체와
함께 발군의 기술과 힘을 겸비한 선수. 오타니 선수의 플레이를 볼
때마다 이렇게 느끼는 사람이 많을 것이다.

그렇다면 우수한 사람이란 어떤 사람을 가리키는 것일까?

운동선수는 선천적으로 신체 능력이 뛰어나다고 말하는 사람도
있을지 모른다. 그러나 나는 선천적으로 소질을 타고난 선수가 반
드시 우수한 선수가 되는 것은 아니라는 사례를 수없이 목격했다.

오히려 '선천적 소질이 없다.'라고 생각됐던 선수가 쑥쑥 성장해 신체 능력이 뛰어난 선수를 추월하는 모습도 많이 봤다. 나는 이런 차이가 인간이 지닌 두 가지 기본적인 능력을 성장시킬 수 있느냐 없느냐에 따라서 좌우되는 것으로 본다. 첫째는 실력을 축적하고 착실히 키워나가는 '보유 능력'이다. 둘째는 그 보유 능력을 실전에서 발휘하는 '발휘 능력'이다.

이 두 가지는 야구나 축구 등의 스포츠뿐만 아니라 비즈니스나 공부 등 온갖 상황에서 필요한 능력이다. 오타니 선수를 예로 들어보자. 트레이닝과 건강 보조 식품 등으로 근육을 단련해 힘을 늘리는 능력이 보유 능력이다. 근육량 자체가 적은 상태에서는 빠른 공을 던지거나 타구를 멀리까지 날려 보낼 수 없다. 이렇게 육체를 개조해서 갖추게 된 신체 능력을 낭비 없이 사용해 완전 연소시키는 능력이 발휘 능력이다. 오타니 선수는 커다란 몸과 뛰어난 신체 능력을 타고났을 뿐만 아니라 트레이닝과 영양 섭취를 통해서 보유 능력을 키우고 그것을 경기에서 완전 연소시키는 뛰어난 발휘 능력을 겸비한 선수라고 말할 수 있다.

《《《《《《《《《《《《《《《《
성장하는 사람과 성장하지 못하는 사람의 차이는 무엇인가

'그에게 기술적인 벽 따위는 존재하지 않는 것이 아닐까?'

오타니 선수를 보고 있으면 그런 생각이 들 정도로 매년 진화한다는 느낌을 받는다. 실제로 그가 일본 프로야구에서 메이저리그로 이적한 2018년 이후 해를 거듭할수록 투타 양면에서 놀라운 성적을 냈다는 사실에서도 명확히 알 수 있다. 그러나 그런 오타니 선수도 '오늘 경기에서는 최고의 경기력을 발휘할 수 있었어.'라고 생각할 때가 있는가 하면 '오늘 경기는 아주 아쉬웠어. 좀 더 실력을 발휘할 수 있었는데.'라고 반성할 때도 많았을 것이다. 다시 말해 '인간의 발휘 능력은 상황에 따라 달라진다.'라고도 할 수 있다.

왜 이런 차이가 생기는 것일까? 어떤 스포츠에서든 선수들에게 경기를 복기해달라고 하면 실력을 발휘하지 못한 원인은 한둘이 아님을 알 수 있다. 가령 개인 경기라면 "라이벌이 최고의 플레이를 하는 것을 보고 '좋았어. 그렇다면 나도……'라는 생각에 필요 이상으로 힘이 들어갔습니다.", 단체 경기라면 "팀원들이 기본적인 부분에서 실수를 연발해 경기에 집중하지 못했습니다." 등이다.

실력을 발휘하지 못한 원인은 찾으려 하면 얼마든지 나온다. 그러나 그런 것들은 사실 실력을 발휘하지 못한 원인이라기보다 계기에 불과하다. 불필요한 힘이 들어갔다거나 집중력을 잃었다거나 하는 것은 바꿔 말하면 '마음이 지고 말았다.'라는 뜻이다. 단언컨대 발휘 능력이 높은가 아닌가는 상대나 주위의 상황이 아니라 '마음의 상태'에 따라 결정된다. 인간적으로 성장할 수 있는 선수는 이 점을 이해하고 자신의 마음을 컨트롤해 최고의 실력을 발휘한다. 반면에 이 사실을 직시하지 않고 이런저런 핑계를 대는 선수는 평생 가도 발휘 능력이 향상되지 않는다. 그런 선수는 인간적으로 성장하지 못하고 정체 상태에 빠져 있다고 말할 수 있다.

비단 오타니 선수뿐만 아니라 어떤 스포츠든 일류로 불리는 선수는 어떤 상황에서나 최고의 실력을 발휘할 수 있도록 자신의 마음을 적절히 컨트롤한다. 예를 들어 절체절명의 위기에 몰렸을 때 이런저런 핑계를 대는 선수라면 '아아, 이젠 틀렸어.' '이거 지겠는걸.'이라고 생각하게 마련이다. 그러나 자신의 마음을 적절히 컨트롤할 줄 아는 선수는 설령 '이젠 틀렸어.'라는 생각이 머릿속을 스쳐 지나갔더라도 즉시 발상을 전환한다.

'이거 상황이 재미있게 됐는걸? 이 위기를 기회로 바꿔나가자.' '이 위기를 극복해낸다면 꽤 멋질 거야.'라는 식으로 생각하며 실제로 그 생각을 현실로 만들기도 한다. 다만 그들도 처음부터 그렇게 생각할 수 있었던 것은 아니다. 많은 경험을 쌓는 가운데 발휘 능력과 마음의 관계를 깨닫고 마음의 트레이닝을 거듭한 결과 멘탈 컨트롤 기술을 손에 넣은 것이다.

프로 스포츠의 세계에서는 '20년, 30년에 한 번 나올까 말까 한 재능'으로 불리는 인재가 기대만큼의 실력을 발휘하지 못하고 사라져 가는 경우가 절대 드물지 않다.

"그러고 보니 몇 년 전에 좋은 성적을 내서 '미래의 금메달 후보'라며 떠들썩했던 선수가 있었던 것으로 기억하는데요. 요즘 안 보이네요?"

"아, 그 선수요? 그 뒤로 성적이 내리막길을 걷다가 안타깝게도 작년에 은퇴했습니다."

관계자에게 이런 이야기를 들었던 적이 한두 번이 아니다. 이처럼 중학교, 고등학교, 대학교에서 좋은 성적을 내 주위의 기대를 한몸에 받았지만 기대만큼 성장하지 못하다 어느덧 사라져버리는 선수가 많은 것은 예나 지금이나 다르지 않다.

일류로 불리는 선수는 그런 선수들보다 자신의 멘탈에 대한 의식이 아주 조금 더 높았을 뿐이다. 인간적으로 성장할 수 있는 사람과 성장하지 못하는 사람의 차이는 멘탈에 대한 의식의 차이라고 말할 수 있다.

《《《《《《《《《《《《《《
벽을 부수는 사람과 부수지 못하는 사람의 차이는 무엇인가

운동선수라면 누구나 '주전이 되고 싶다.' '팀의 주력으로 활약하고 싶다.' '전국 대회에 진출해 좋은 성적을 내고 싶다.'라고 생각할 것이다. 개중에는 여기에서 더 나아가 '프로 선수가 되고 싶다.' '세계 무대에서 활약할 수 있는 선수가 되고 싶다.' '올림픽 같은 세계 규모의 대회에서 금메달을 목에 걸고 싶다.' 같은 더 높은 목표를 생각하는 선수도 있을 것이다. 그러나 사람은 누구나 성장하는 과정에서 반드시 다음과 같은 벽에 부딪힌다.

'지금보다 더 발전하기는 어려울 것 같다.' '이런 높은 목표는 달성할 수 있을 것 같지 않다.' '더는 이런 힘든 훈련을 못하겠다. 빨리 끝났으면 좋겠다.' 이런 마음이 성장을 억누르는 것이다. 그 결과 '비뚤어진 승부욕'의 소유자가 되고 만다.

'나는 마음이 꺾였는데 저 녀석은 기분 나쁘게 열심히 하네. 좋았어. 높이 못 올라가도록 저 녀석의 발목을 잡아끌자.' '저 녀석은 혼자서 왜 저렇게 표정이 밝은 거야? 기분 나쁘니 방해해 줘야겠다.' 이런 사고방식으로는 라이벌이나 동료의 발목을 잡아끌기만 할 뿐 영원히 성장하지 못한다. 아니, 능력의 한계에 매몰되어서 '이 정도면 할 만큼 했다. 그만하자.'라며 성장하려는 노력조차 포기하고 만다.

그러나 오타니 선수는 달랐다. 「최강 멘탈 수업 1」에서도 이야기했듯이 그는 '정정당당한 승부욕'의 소유자였기에 '아직 더 성장할 수 있어.'라고 생각했고 끊임없이 노력을 거듭할 수 있었다.

훈련에 집중해 훈련 단계에서 최고의 실력을 발휘하지 못한다면 실전에서 실력을 발휘할 수 있을 리가 없다. 피지컬 트레이닝을 할 때도 '지금의 내게는 이것이 한계다.'라는 아슬아슬한 선까지 부하 負荷를 줄 때 비로소 체력이 서서히 높아진다. 기술도 마찬가지다. 훈련할 때부터 지금 할 수 있는 최고의 플레이를 반복할 때 비로소 '최고'의 수준이 조금씩 높아진다.

매일 혹독한 훈련에 진지하게 몰두하는 것은 분명 어려운 일이다. 현실적으로 만사가 귀찮은 날도 있게 마련이다. 어디 그뿐인가.

마음이 해이해져서 '실전이 아닌 훈련이니까 이 정도면 충분해.' 같은 핑계를 대며 대충 하고 넘어가는 날도 있을 것이다. 그러나 이런 마음을 컨트롤해 매일 최고의 자신을 상상하면서 훈련에 몰두할 때 비로소 성장할 수 있다. 이를 위해서도 멘탈 트레이닝이 필요하다.

우리가 만든 슈퍼 브레인 트레이닝SBT의 프로그램은 두 개의 큰 기둥으로 구성되어 있다.

① 매일의 멘탈 트레이닝으로 보유 능력을 향상시킨다(성장할 수 있는 사람이 된다).
② 경기에 대비한 멘탈 트레이닝으로 발휘 능력을 향상시킨다 (활약할 수 있는 사람이 된다).

높은 목표를 가졌다면 그것을 현실로 만들기 위해 ① 보유 능력과 ② 발휘 능력을 키워야 한다. 그러면 자연스럽게 어떤 큰 무대에서든 100%의 실력을 발휘할 수 있게 된다.

잠재 능력을 이끌어내는 사람의 마음 자세
차이는 무엇인가

보유 능력과 발휘 능력은 사람의 마음과 큰 관계가 있다. 내가
지도했던 운동선수 중에는 멘탈 트레이닝을 거듭한 결과 성장한
인재도 많다.

내가 늘 하는 말이 있다.

"내가 꿈꾸는 미래의 자신과 현재의 자신을 비교하시오."

나는 고등학생 시절의 오타니 선수에게도 이 말을 했다. 일류 선
수로 성장하느냐 아니면 그 무엇도 되지 못한 채 끝나버리느냐는
자신이 꿈꾸는 미래의 자신과 현재의 자신을 냉철하게 비교할 수
있느냐에 달려 있다.

한편 그 스포츠에서 세웠던 목표를 달성하면 제일선에서 물러나
제2의 인생을 사는 사람도 있다. 예전에 '그랑프리에서 우승하고
싶다.'는 목표를 갖고 슈퍼 브레인 트레이닝SBT의 프로그램을 수강
하러 온 여성 경륜 선수가 있었다. 결국 그 선수는 그랑프리를 제
패해 자신의 목적을 달성했는데 그 직후 바로 은퇴하고 떠났다. 그
래서 이유를 물어봤다.

"사실은 오래전부터 동물 보호와 관련된 일에 흥미가 있었어요.
그랑프리에서 우승한다는 목표를 이루었으니 이제는 전혀 다른 길
에서 사회를 위해 공헌하고 싶어요."

일본 프로축구인 J리그에 소속되어 있었던 한 선수는 은퇴 후 도장塗裝 분야의 대기업에서 일하며 훌륭한 실적을 남겨 "차기 사장이 되어주시오."라는 요청받았지만 고사했다. '축구 선수의 세컨드 커리어를 지원하기 위한 영업 회사를 만들고 싶다.'라는 것이 이유였다. 그는 실제로 회사를 설립했으며 현재는 활동 범위를 더욱 넓혀서 활약하고 있다.

이들의 공통점은 무엇일까? '해야 한다.'라는 의무감이 아니다. '이걸 하면 틀림없이 재미있을 거야.'라고 가슴이 두근거렸다는 것이다. 가슴이 두근거린다는 것은 바꿔 말하면 '뇌가 설렌' 증거이기도 하다. 가슴이 두근거리면 미지의 잠재 능력을 끌어낼 수 있다. 그 결과 새로운 무대에서 활약할 수 있는 기회를 얻을 수 있었다.

프로의 세계에서 실적을 남긴 운동선수가 자신이 하고 싶은 일을 찾아내지 못해 세컨드 커리어를 만드는 데 애를 먹고 있다는 이야기를 자주 듣는다. 최악의 경우는 자포자기에 빠져서 범죄에 손을 대기도 한다. 단언컨대 그 원인은 '자신이 꿈꾸는 미래의 자신과 지금의 자신을 비교하지 못한' 것이다. 그렇다면 어떻게 선수 시절에는 자신의 능력을 유감없이 발휘할 수 있었을까? 아무런 생각을 하지 않아도 몸이 저절로 반응했기 때문이다. 흔히 말하는 천재형 선수는 자칫 이런 유형이 되기 쉽다.

아직 이룬 것이 하나도 없는 사람도 큰 목표를 세우고 그 목표를 이루기 위해 보유 능력과 발휘 능력을 키워나간다면 변화가 일어난다. 어떤 분야에서든 오타니 선수처럼 세상에 영향을 끼치는 존재가 되는 것조차 불가능은 아니라는 사실을 꼭 기억해 두기를 바란다.

<<<<<<<<<<<<<<<
누구나 뇌의 메커니즘을 이용하면 최강 사고를 할 수 있다

'일본 프로야구와 메이저리그라는 큰 무대에서 이도류를 실천하며 활약한다.'

오타니 선수처럼 이러한 목표를 세우고 실제로 활약하는 선수는 현실적으로 거의 존재하지 않는다. 그렇기에 더더욱 오타니 선수의 대단함이 주목받고 있다. 한편으로 오타니 선수 같은 초일류 운동선수들은 '최강 사고'라고 부르기에 손색이 없는 강인한 멘탈을 지니고 있다. 그들이 높은 보유 능력과 함께 뛰어난 발휘 능력을 만들어낼 수 있는 것도 이 '최강 사고' 덕분이다.

초일류 최강 사고
① 최강 사고를 지닌 뇌에는 명확한 동기가 있다.
② 최강 사고를 지닌 뇌에는 '즉시 행동하는 것'이 조건화돼 있다.
③ 최강 사고를 지닌 뇌는 과거가 아닌 미래를 본다.
④ 최강 사고를 지닌 뇌는 언제나 적극적이다.

⑤ 최강 사고를 지닌 뇌는 부정적인 스트레스가 없다.

⑥ 최강 사고를 지닌 뇌에는 불안감이 전혀 없다.

⑦ 최강 사고를 지닌 뇌는 늘 설렘으로 가득하다.

⑧ 최강 사고를 지닌 뇌는 '모든 것은 내 책임이다.'라고 생각한다.

바로 이것이 오타니 쇼헤이의 뇌다. 아마 "나는 이 가운데 해당하는 게 하나도 없네……."라며 한숨을 쉬는 사람도 있을지 모르는데 비관할 필요는 없다. 마음을 컨트롤하는 방법을 마스터하면 누구나 오타니 선수와 같은 뇌를 가질 수 있기 때문이다. 이 책에서 소개하는 멘탈 트레이닝 방법은 일반적인 멘탈 트레이닝과 달리 뇌의 메커니즘을 이용해 좀 더 깊은 부분에서부터 컨트롤한다.

2. 오타니 쇼헤이의 목표 설정 기술

설레는 마음을 계속 갖고 있는다

"지금부터 자신을 설레게 하는 것을 10개 적어보십시오."

내가 슈퍼 브레인 트레이닝SBT의 수강자들에게 제일 먼저 하는 질문이다. 그러면 전원이 머릿속에 떠오르는 대로 쓱쓱 적어나간다. "노래방에서 사람들과 함께 즐겁게 노래를 부른다." "고기 뷔페에 간다." "여자 친구와 데이트를 한다." 등등. 틀림없이 전부 즐거워 보인다. 다만 여기에서 내가 원하는 정답은 '미래의 꿈을 적는 것'이다. 다른 것은 전부 오답이다. 자신이 지향해야 할 것, 이를테면 '메이저리거가 됐을 때 얼마나 활약하고 있을까?'라든가 '고시엔에 진출했을 때 수많은 관중 앞에서 어떤 플레이를 하고 있을까?' 등을 적고 그 꿈을 실현하는 데 필요한 기술을 익히는 것이 중요하다.

'설렘'은 우수한 인간이 겸비하고 있는 능력 중 하나다. 그들은 '미래의 자신이 어떤 모습일지 상상하고 있기' 때문에 실전에서는 물론이고 힘든 훈련조차도 설레는 마음으로 몰두한다. '설렘'은 마음의 상태를 나타내는 말이다. 기대감으로 가슴이 두근거리고 실전에서 좋은 결과를 얻으면 기쁨은 한층 커진다. 가슴이 두근거린다는 것은 뇌가 설레고 있다는 증거이다. 아무리 힘들고 괴로운 일이 있었더라도 뇌가 긍정적 사고를 유지할 수 있다. 다시 말해 긍정적인 뇌인 채로 있을 수 있는 것이다.

이 긍정적인 뇌가 됐을 때 '보유 능력'을 키우고 '발휘 능력'을 높일 수 있다.

《《《《《《《《《《《《《

성공 과정을 고생이라 생각하지 않는다

오타니 선수는 설렘을 만들어내는 솜씨가 뛰어나다. 이것은 자신 있게 말할 수 있다. 그는 고등학교 3학년 여름의 이와테현 대회 준결승전에서 고교야구 역사상 최초로 시속 160킬로미터를 던져 야구팬들을 경악시켰다. 그런데 본래 그에게는 아무도 이루지 못한 최고 구속의 공을 던지겠다는 목표가 있었다. 그런 목표가 있었기에 제삼자의 눈에는 가혹해 보이는 트레이닝도 전혀 힘들게 느끼지 않고 계속할 수 있었다.

그뿐만 아니다. 그로부터 4년 후인 2016년에 클라이맥스 시리즈*에서 후쿠오카 소프트뱅크 호크스와 맞붙었을 때도 야구팬들을 충격에 빠트리는 기록을 달성했다. 일본 야구 역사상 최초로 시속 165킬로미터를 기록한 것이다. 이 숫자가 전광판에 표시됐을 때 관중석에서는 환호성이 터져 나왔다. 벤치에 앉아 있었던 소프트뱅크의 선수들은 모두 어이가 없다는 표정으로 웃었다.

오타니 선수는 매일 훈련을 통해 보유 능력을 높이고 경기에서 그 실력을 100% 발휘하기 위한 발휘 능력을 높인 결과 이런 공을 던질 수 있게 됐다고 생각할 것이다. 그러나 다르게 생각하는 사람이 많다.

"훈련은 힘들지 않나요? 분명히 머릿속에서는 가장 빠른 공을 던져 보고 싶다고 생각하지만 현실적으로는 '역시 무리다.'라는 생각이 든단 말이죠."

이런 생각으로는 오타니 선수처럼 될 수 없다. '설레는 마음을 가지고 목표를 이루기 위해 훈련에 몰두할 수 있는가?'에서 격차가 만들어지기 때문이다. 똑같은 훈련을 하더라도 긍정적인 뇌의 소유자와 부정적인 뇌의 소유자는 전혀 다른 결과를 만들어낸다. 전자는 필요한 기술을 자신의 것으로 만들지만 후자는 좀처럼 자신

---

* 일본시리즈에 진출하기 위한 플레이오프-옮긴이

의 것으로 만들지 못한다.

"솔직히 말씀드리면 저는 공부도 야구 훈련도 싫어합니다. 힘들기도 하고 대개는 지루한 과정을 반복해야 하거든요. 하지만 저는 어렸을 때부터 열심히 노력하는 것을 좋아했습니다."

메이저리그에서 각종 기록을 수립한 이치로 선수가 한 인터뷰에서 한 말이다. 오타니 선수도 이치로 선수와 같은 생각이 아닐까? 「최강 멘탈 수업 1」에서도 말했지만 가슴을 설레게 하는 것이 있어서 그것을 실현하기 위해 노력하는 것이 중요하다. 오타니 선수와 이치로 선수의 사고방식은 우리에게 가르쳐주는 것이다.

《《《《《《《《《《《《《《《
앞으로 일어날 일의 기쁨을 기대한다

오타니 선수는 어떻게 늘 설렘을 유지할 수 있을까? 그것은 '앞으로 일어날 일의 기쁨을 기대하기 때문'이다. 이것은 뇌가 긍정적으로 됐다는 증거이기도 하다. 반대로 가슴이 설레지 않을 때, 즉 뇌가 부정적으로 됐을 때는 몸의 움직임이 둔해져 경기에서 생각지도 못한 실수를 저지르고 만다. 훈련할 때도 실패하는 일이 늘어나며 어떤 훈련을 해도 성과가 나지 않는다. 이것은 '뇌가 스트레스로 가득한 상태'라고 말할 수 있다.

고시엔 진출이 걸린 지방 대회에서 항상 1회전에 패해 탈락하는 팀의 특징 중 하나는 반사적으로 '어차피 1회전에서 지겠지.'라고 생각하는 경향이 있다는 것이다. 이것은 경기에서 승리하기를 포기한 것이 아니다. 그때까지 쌓아온 경험에서 자연스럽게 그런 생각을 하고 마는 것이다.

반대로 우승할 가능성이 있는 팀 혹은 매년 우승 후보에 단골로 언급되는 팀은 다르다. 한 경기 또 한 경기를 승리해 나가는 기쁨을 예감할 수 있는 까닭에 자연스럽게 가슴이 설렌다. 선수들은 긍정적으로 생각할 수 있게 되며 매일의 훈련에도 적극적으로 임한다. 항상 1회전에서 패하는 팀은 가슴이 설레는 상대 팀과 맞붙게 되면 십중팔구 '패배'를 예감하며 실제로 그렇게 된다. 그래서는 평생이 가도 패배가 습관화된 약체팀에서 벗어나지 못할 것이다.

다만 예외도 있다. 지금 약체팀이나 조직에 소속되어 있다면 지금부터가 중요하다. 여기에서 말하는 예외란 가슴을 설레게 하는 미래의 목표를 세운 팀은 이기는 팀으로 변모할 가능성이 크다는 것이다. 이때 주의할 점이 있다. 사람은 망각의 동물이라는 것이다. 오늘과 내일 설렘을 느끼더라도 모레가 되면 잊어버릴지 모른다. 또한 설레게 하는 것이 없어지면 현실에 절망해 자신도 모르는 사이에 스트레스로 가득한 뇌가 되어버릴지도 모른다. 그래서 뇌를 항상 긍정적으로 유지하기 위한 트레이닝이 필요하다.

《《《《《《《《《《《《《《

타희력으로 '설레는 마법'을 건다

2004년의 여름 고시엔에서 첫 우승을 달성한 고마자와대학교 부속 도마코마이 고등학교는 예외 중의 예외다. 그들은 뇌를 긍정적으로 만드는 데 성공해 고시엔에서 우승할 수 있었다.

분명히 21세기에 접어들었을 무렵이었던 것으로 기억한다. 당시 완전히 무명이었던 도마코마이 고등학교의 고다 요시후미 감독(2024년부터 고마자와 대학교 감독으로 재직)에게 "팀의 강화를 지도해 주실 수 없겠습니까?"라고 의뢰받고 지도를 시작했다.

우리는 먼저 '목표를 명확히 하는' 일에 착수했다.

"너희는 반드시 고시엔에 갈 수 있어. 아니, 가는 데 그치지 않고 반드시 우승할 수 있어. 다 함께 전국 제패를 목표로 삼자."

그러나 선수들은 모두 어안이 벙벙한 표정이었다. 그도 그럴 것이 그때까지 고시엔은 고사하고 지역 대회에서도 만족스러운 성적을 낸 적이 없었기 때문이다. 그렇다 보니 고시엔 진출을 어딘가 남의 일처럼 여겼고 진심으로 이기자는 생각을 하지 않았다. 그래서 우리는 선수들이 전국 제패의 이미지를 더욱 구체적으로 떠올릴 수 있도록 '설렘의 마법'을 걸었다.

"지금까지 심홍색의 고시엔 우승 깃발을 홋카이도로 가져온 학교는 단 한 곳도 없어. 너희가 우승 깃발을 들고 돌아온다면 홋카이도 사람들은 크게 기뻐할 것이고 활기도 생길 거야. 이건 홋카이도에서 태어나고 자란 너희만이 할 수 있는 일이야."

자신이 아니라 타인에게 기쁨을 주기 위한 힘. 나는 이것을 '타희력他喜力'이라고 부른다. 이때부터 선수들의 뇌에 설렘이 깃들기 시작했다.* 그리고 얼마 후 고다 감독이 우리에게 "매일 제출하는 공책에 '전국 제패' '고시엔에서 우승한다.'라고 적는 선수가 늘어났습니다."라고 말했다. 미래를 향한 꿈이 생겨 뇌가 설레기 시작한 순간이었다.

미래의 목표는 우리를 설레게 하며 뇌를 긍정적으로 만든다. 우수한 사람이나 팀에 공통되는 점은 단 하나 '설렐 수 있는 목표가 있는 것'이다.

---

* 니시다 후미오의 『타희력』도 참조하길 바란다.

3. 오타니 쇼헤이의 최강 사고 기술

《《《《《《《《《《《《
목표 달성 과정에는 반드시 노력이 필요하다

오타니 선수가 초일류 메이저리거가 될 수 있었던 것은 가슴을 설레게 하는 꿈을 목표로 삼고 실현하기 위해 우직하게 훈련을 거듭해 왔기 때문이다. 타격 연습이나 피칭 연습과 함께 피지컬 트레이닝과 멘탈 트레이닝 등 여러모로 자신을 끊임없이 단련한 결과 오늘의 오타니 선수가 됐다고 해도 과언이 아니다.

한편 큰 목표를 갖기만 하고 스스로 노력하지 않으면 그저 '몽상가'로 끝나버린다. 사실 세상에는 이런 유형의 사람이 의외로 많다. 최근 들어 꿈이나 설렘을 갖는 것이 성공의 첫걸음으로 인지되기 시작했다. 그러나 '설렘을 갖기만 하면 성공한다.'고 착각하는 사람도 있다. 성공하는 사람은 꿈을 실현해 나가는 과정을 중시하며 끊임없이 노력한다. 반면에 몽상가는 꿈을 꾸기만 할 뿐 노력다운 노력을 전혀 하지 않는다. 그리고 양자 사이에는 당연히 하늘과 땅만큼의 차이가 있다. 가슴을 설레게 하는 꿈을 가졌다면 장애물을 하나하나 뛰어넘어서 실현하기 위한 과정을 명확히 해야 한다. 그것을 '처리 목표'라고 한다. '몽상가'로 끝나지 않으려면 '꿈 목표'와 '처리 목표'의 두 가지가 필요하다는 말이다.

《《《《《《《《《《《《《《《
과제를 '처리 목표'로 파악하고 확실히 해나간다

솔직히 말하면 꿈 목표는 전혀 즐겁지 않다. 너무나도 먼 목표이기 때문이다. '목표를 세운 것은 좋은데 왠지 현실성이 없네.'라는 생각이 들기 때문에 도무지 진지해지지 않는다. 그래서 '처리 목표'가 필요한 것이다.

오타니 선수는 고등학생 시절부터 '장래에는 미국으로 건너가 메이저리거가 된다.'라는 목표를 세우고 있었다. 그 목표를 달성하려면 지금 무엇을 해야 할까? 체력의 향상은 물론이고 타자로서의 기술도 투수로서의 기술도 특출하지 않으면 세계 최고의 무대에서 활약할 수 없다. 그뿐만 아니다. 수비에서 연계 플레이의 대응 능력이나 주자가 나갔을 때의 상황 판단, 경기에서 아무리 열세에 놓여도 포기하지 않고 끝까지 승리를 향해 나아가는 강인한 멘탈, 실수를 저지르더라도 금방 기분을 전환할 수 있는 클리어링 능력 등 모든 것이 최고 수준이어야 한다.

그런 자신의 과제를 '처리 목표'로서 파악하고 매일 훈련을 착실히 소화해 기술을 향상시켜 나간다. 꿈 목표를 현실로 만들기 위해 꼭 필요한 루틴이다. 이것은 비단 스포츠에만 적용되는 이야기가 아니다. 비즈니스, 공부, 취미 등 모든 분야에 공통되는 이야기다.

다시 한번 묻겠다.

여러분의 꿈 목표는 무엇인가?

그 목표를 실현하기 위한 처리 목표(필요한 것)는 무엇인가?

그 처리 목표를 달성하기 위해 해야 할 일은 무엇인가?

자신에게 이렇게 물어보고 지금 여러분에게 무엇이 필요한지 종이에 적어보기를 바란다. 여기에서 나온 답이 여러분이 달성해야 할 '처리 목표'다.

《《《《《《《《《《《《《《《《

'팀 목표'를 세울 때는 구체적 이미지를 그려라

팀의 목표는 어떻게 설정하는 것일까? 팀의 목표를 설정하는 방법에 관해 이야기하겠다.

먼저 68쪽 「팀 목표 설정」에 팀 목표의 '달성 연월일'을 적어 넣고 목표를 달성했을 때의 상태를 상상하기 쉽도록 그림을 그리거나 사진을 활용한다. 다음에는 팀 목표를 달성했을 때의 상태를 구체적으로 적는다. 달성했을 때의 심리(감정)에 관해서도 구체적으로 적기를 바란다. 가령 우리는 '목표를 달성했을 때 어떻게 기뻐할까? 나와 팀원은 얼마나 기뻐할까? 또 내 가족과 나를 응원해 준 사람들은 어떻게 기뻐해 줄까?'를 상상해서 적어 넣는다. 이렇게 해서 매일 반복적으로 이미지를 그리면 뇌에 조건화가 진행된다.

팀 목표 설정

꿈은 꾸기 위해서가 아니라 실현하기 위해서 존재한다!

[팀의 목표를 설정한다]

팀 목표의 달성 연월일을 적어넣고 달성 상태를 상상하기 쉽도록 그림을 그리거나 사진을 활용한다. 그리고 팀 목표를 달성한 상태를 구체적으로 적는다. 달성했을 때의 심리(감정)도 구체적으로 적기를 바란다. '우리는 목표를 달성했을 때 어떻게 기뻐할까?' '나는 팀원과 함께 얼마나 기뻐할까?' '내 가족과 나를 응원해 준 사람들은 어떻게 기뻐해 줄까?'를 열심히 상상해서 적어 넣는다.

장기 목표의 이미지를 반복적으로 그리면 단어 하나하나는 잊어버리더라도 마음을 담고 상상력을 크게 발휘하며 적었던 스토리는 절대 잊어버리지 않으며 그림이나 사진을 이용해서 표현한 달성 상태와 함께 뇌리에 선명하게 되살아난다.

그것이 우뇌의 특징이다.

매일 반복적으로 이미지를 그리면 뇌에 조건화가 진행된다.

팀 목표

년   월   일 달성

그림 또는 사진

팀 목표를 달성한 상태를 구체적으로 적으시오.
그때의 심리(감정)도 구체적으로 적으시오.

<<<<<<<<<<<<<<<
개인 '장기 목표'를 세울 때 연도별 목표를 설정해라

다음에는 개인 장기 목표를 설정한다. 73쪽의 도표 「개인 장기 목표 설정」에 여러분 개인의 장기 목표를 달성할 연월일을 적어 넣는다. 그 목표를 달성한 상태를 상상하기 쉽도록 그림이나 사진을 사용해도 무방하다.

이때 '현재 자신의 실력 수준'은 무시하길 바란다. 그 어떤 장대한 목표라도 혹은 사람들이 "그건 무리 아니야?"라고 말할 것 같은 목표라도 상관없다.

다음으로는 장기 목표를 달성한 상태를 구체적으로 적는다. 달성했을 때 체력은 어느 정도 강해졌는지, 기술은 얼마나 발전했는지, 멘탈은 얼마나 강인해졌는지 구체적으로 적는다.

한편 앞으로 여러분이 장기 목표를 달성하려 하는 과정에서 수많은 부정적인 상황이 기다리고 있을 것이다. 대부분 부정적인 상황에 빠지면 인간의 뇌는 즉시 장기적인 목표 달성에 대해 부정적인 이미지를 품게 되며 '무리'라고 판단해 버린다. 그 부정적인 이미지가 포기라는 최악의 번아웃(완전연소 증후군)을 일으킨다. 번아웃은 매사가 잘 풀려서 너무 만족스러운 나머지 무의식중에 목표가 희미해지고 의욕이 저하되는 현상 혹은 현재의 상태에 만족해 더 발전하려는 노력을 게을리하는 현상이다. 금방 만족해 버리는 사람, 쉽게 만족하는 사람에게서 나타나는 경향이 있다.

그러므로 자신이 설정한 개인 장기 목표를 달성하기 위해서는 달성했을 때의 상태와 심리를 계속해서 머릿속에 그려야 한다. 이를 위해 이미지를 철저히 구체화하는 작업을 진행하며 개인의 장기 목표를 달성하기까지 1년 단위로 목표를 설정해 나간다.

먼저 75쪽의 「개인 연간 목표 설정」에 개인의 장기 목표를 달성할 연월일을 적어 넣는다. 이때 장기 목표를 달성하기까지 이뤄야 할 매년의 목표를 달성 연월일과 함께 구체적으로 적어 나가야 한다. 등산가가 산을 오르는 이유는 '그곳에 산이 있기 때문'이 아니라 산에 정상이 있으며 정상을 정복한 모습을 우뇌가 선명하게 떠올리기 때문이다. 산에 비유한다면 장기 목표는 산의 정상이다.

그리고 현재의 자신과 장기 목표 사이의 괴리에 뇌가 반응해 이미지를 그리는 힘이 떨어지지 않도록 산의 중턱인 5부, 7부에 해당하는 중간 목표(장기 목표를 달성하기까지의 과정)를 결정하며 다시 이것을 바탕으로 단기 목표를 결정하기를 바란다. 단기 목표는 어디까지나 자신의 꿈인 장기 목표를 달성하기 위한 과정 중 하나일 뿐이다. 그런데 장기적인 목표를 갖지 못하고 계속 단기적인 목표만 세우는 사람이 많다. 뇌에 꿈(장기 목표)이 조건화되어 있지 않으면 눈앞의 목표를 달성하지 못하고 실패로 끝났을 때 부정적 사고에 따른 번아웃이 발생한다. 이윽고 도전하고자 하는 의욕을 잃어버리는 일이 종종 일어난다. 반대로 목표를 달성했을 때는 안심감이나 만족감에서 오는 번아웃이 일어난다.

번아웃이 일어나지 않도록 '꿈의 정상에 도달하기 위해 지금이 있는 거야. 지금부터가 진짜 시작이야.'라고 생각하며 끊임없이 더 높은 곳을 향해 도전해야 한다.

당신의 꿈을 실현하기 위해 희망과 용기를 갖고 도전하기를 바란다!

[개인적인 장기 목표를 설정한다]

개인 장기 목표를 달성할 연월일을 적어 넣고 달성 상태를 상상하기 쉽도록 그림이나 사진을 적절히 이용하기를 바란다. 개인 장기 목표를 달성한 상태를 구체적으로 적는다. 달성했을 때 체력은 어떻게 강해졌는지, 기술은 얼마나 발전했는지, 멘탈은 얼마나 강인해졌는지 등도 상상력을 발휘해 구체적으로 적는다.

꿈을 구체화한 것이 목표다. 여러분이 장기 목표를 달성하려 하는 과정에서 수많은 부정적인 상황이 기다리고 있을 것이다. 대부분은 부정적인 상황에 빠지면 인간의 뇌는 즉시 장기적인 목표 달성에 대해 부정적인 이미지를 품게 되며 '무리'라고 판단해 버린다.

그 부정적인 이미지가 포기라는 최악의 번아웃을 일으킨다. 설정한 개인의 장기 목표를 달성하기 위해서는 그 목표를 달성했을 때의 상태와 심리를 계속해서 머릿속에 그려야 한다. 이를 위해서 철저히 구체화하는 것이다.

개인 장기 목표

	년 월 일 달성

그림 또는 사진

장기 목표를 달성한 상태를 구체적으로 적으시오.
체력, 기술, 심리를 구체적으로 적으시오.

결과는 반드시 따라옵니다!

[개인 장기 성장 목표를 달성하기까지 1년 단위로 목표를 설정한다]

개인 장기 목표를 달성할 연월일을 적어 넣는다. 이때 장기 목표를 달성하기까지 이뤄야 할 매년의 목표를 달성 연월일과 함께 구체적으로 적어 나가야 한다. 등산가가 산을 오르는 이유는 '그곳에 산이 있기 때문'이 아니라 산에 정상이 있으며 정상을 정복한 모습을 우뇌가 선명하게 떠올리기 때문이다. 산에 비유한다면 최종(장기) 목표는 산의 정상이다.

그리고 현재의 자신과 장기 목표 사이의 괴리에 뇌가 반응해 이미지를 그리는 힘이 떨어지지 않도록 산의 중턱인 5부, 7부에 해당하는 중간 목표(장기 목표를 달성하기까지의 과정)를 결정하며 다시 이것을 바탕으로 단기 목표를 결정한다. 단기 목표는 어디까지나 자신의 꿈인 장기 목표를 달성하기 위한 과정 중 하나일 뿐이다. 그런데 장기적인 목표를 갖지 못하고 계속 단기적인 목표만 세우는 사람이 많다. 뇌에 꿈(장기 목표)이 조건화되어 있지 않으면 눈앞의 목표를 달성하지 못하고 실패로 끝났을 때 부정적 사고에 따른 번아웃이 발생해 도전하고자 하는 의욕을 잃어버리는 일이 종종 일어난다.

반대로 목표를 달성했을 때는 안심감이나 만족감에서 오는 번아 웃, 즉 매사가 잘 풀려서 너무 만족스러운 나머지 무의식중에 목표 가 희미해지고 의욕이 저하된다. 혹은 현재의 상태에 만족해 더 발 전하려는 노력을 게을리한다. 이는 금방 쉽게 만족하는 사람에게 서 나타나는 경향이 있다. 번아웃이 일어나지 않도록 '꿈의 정상에 도달하기 위해 지금이 있는 거야. 지금부터가 진짜 시작이야.'라고 생각하며 끊임없이 더 높은 곳을 향해 도전해야 한다.

개인 연간 목표

년   월   일 달성

년   월   일 달성

년   월   일 달성

년   월   일 달성

년   월   일 달성

년   월   일 달성

년   월   일 달성

년   월   일 달성

년   월   일 달성

년   월   일 달성

《《《《《《《《《《《《《《

지시받은 것 이상을 하는 사람의 차이는 무엇인가

우리는 인간을 세 가지 유형으로 분류한다.

① 지시받은 것 이상 하는 사람(자주적으로 행동할 수 있는)
② 지시받은 것만 하는 사람(지시를 받아야 행동하는)
③ 지시받은 것도 하지 않는 사람(꾸짖거나 억지로 시켜야 겨우 행동하는)

현장 지도자들은 눈앞에 있는 사람이 어떤 유형에 속하는지 한눈에 알 수 있다. 성장하는 사람은 예외 없이 ①의 유형이다. 물론 그들이라고 해서 딱히 훈련이 견딜 수 없이 즐겁다거나 한 것은 아니다. 꿈 목표에 다가가려면 지금 무엇을 해야 할지 자신의 뇌에 물어보며 행동할 뿐이다. 반대로 ②나 ③의 유형에 속하는 사람은 자신의 뇌에 물어보지 않는다. 그래서 훈련하는 의미를 알지 못하며 훈련하는 기쁨도 느끼지 못한다.

이것은 스포츠의 세계에만 적용되는 이야기가 아니다. 비즈니스나 입시도 마찬가지다. 수년 전에 편찻값이 30대*인 학생이 나를 찾아왔다. 그 학생의 부모에게 이야기를 들어보니 공부는 전혀

---

* 편찻값은 한국의 표준점수에 해당한다. 편찻값 30대는 상위 80% 중반에서 90% 후반, 즉 최하위권의 성적이다-옮긴이

78 고교생 오타니 쇼헤이의 최강 멘탈 수업

안 하고 하루에 10시간씩 게임을 한다는 것이었다. 나는 그 학생과 '가고 싶은 대학교'에 관해 이야기를 나눴다. 대뜸 그 학생은 "도쿄대학교에 가고 싶어요."라고 말했다. 왜 도쿄대학교에 가고 싶은지 이유를 물었더니 "멋지잖아요."라는 대답이 돌아왔다. 그래서 나는 이렇게 말했다.

"좋았어. 그렇다면 어떻게 해야 도쿄대학교에 갈 수 있을지 함께 생각해 보자."

도쿄대학교에 합격하기 위해서 해야 할 일을 함께 궁리하며 종이에 적어나갔다. 목표를 달성하려면 하루에 10시간 이상은 공부해야 했다. 이것을 본 학생은 "지금 게임이나 하고 있을 때가 아니었네요."라고 말했다. 그러더니 그때까지 게임을 하는 데 썼던 시간을 공부에 사용하기 시작했다. 30대였던 편찻값을 40대, 50대, 60대로 쑥쑥 끌어올려 정말로 도쿄대학교에 지원할 수 있는 수준까지 도달했다. 현재 그 학생은 도쿄대학교의 입학시험을 볼 예정이다. 물론 결과가 어떻게 될지는 알 수 없다. 그러나 적어도 편찻값을 수년 만에 30 이상 끌어올린 사실은 높게 평가해야 한다. 그 학생은 운동선수가 아니지만 '지시받은 것 이상을 수행한다.'는 의미에서는 일류 운동선수와 같은 뇌의 소유자라고 말할 수 있다.

자신이 상상했던 것 이상의 높은 목표를 가졌을 때 비로소 자주적으로 행동할 수 있는 사람인지 아닌지 드러난다.

<<<<<<<<<<<<<<<<
'남 탓'을 멈추면 긍정적인 뇌가 된다

'몰아붙이는 능력'은 '성장하는 능력'이라고도 바꿔 말할 수 있다. '책임은 자신에게 있다고 생각하는' 사람일수록 무한히 성장할 가능성을 지니고 있다. 눈앞에서 일어난 일을 자신의 책임이라고 생각하는 사람은 다음과 같은 발상을 한다.

① 원인을 타인, 환경, 상황 등의 탓으로 돌리지 않는다.
② 어떤 일이든 자신의 책임이라고 생각해 과제를 발견하고 극복 방법을 궁리한다.
③ 과거보다 '자신의 미래'에 대한 책임을 강하게 의식한다.
④ 목표가 있는 곳에 책임이 생겨난다는 사실을 자각하고 있다.

이와는 반대로 타인의 책임이라고 생각하는 사람은 불평불만이 많으며 항상 부정적인 뇌가 되는 경향이 있다. 직장이나 학교에서 타인의 험담을 자주 하는 사람은 그 순간은 즐거울지 모르지만 자신 또한 그 자리에 없을 때 험담의 대상이 될지 모른다는 사실을 깨닫지 못하는 경우가 있다. '유유상종'은 진리다. 평소 눈앞에서 일어난 일을 외부의 탓으로만 돌린다면 조직도 구성원 개개인도 성장하지 못한다.

운동선수가 아무리 신체 능력이 뛰어나고 훌륭한 소질을 지녔다고 한들 '이런 훈련 환경에서는 실력이 늘 수가 없어.' '이런 수준 낮은 팀에서는 내 실력을 발휘할 수 없어.' 같은 생각을 하면 평소의 훈련도 부정적인 뇌로 임하게 되어 지금 이상으로 발전하지 못한다. 결국은 자신의 노력 부족을 외면한 채 "애초에 소질이 없었어." "이 종목은 내게 맞지 않아."라며 재능 탓을 하고 포기해 버린다. 그래서 자신의 책임이라는 발상이 필요하다.

《《《《《《《《《《《《
부정적인 생각이 들었다면 긍정적인 말을 건네보자

뇌를 최강으로 만들어 보유 능력을 키우고 발휘 능력을 높이려면 항상 뇌에 긍정적인 말을 건네야 한다.

"내 실력은 고작 이 정도가 아니다. 아직 더 할 수 있다."

"오늘은 경기에서 실수를 저질렀다. 하지만 반성하고 훈련을 쌓아 나가면 두 번 다시 같은 실수를 하지 않게 될 것이다."

"오늘은 최고의 플레이를 할 수 있었다. 앞으로도 계속 최고의 플레이를 하자."

이때 중요한 점은 '부정적인 생각이 떠오르더라도 긍정적인 생각으로 바꾼다.'라는 것이다. 「칼럼 1」에서 소개한 요미우리 자이언츠의 구와타 투수는 현역 시절 마운드에서 무엇인가를 계속 중얼거리는 모습이 포착되어 화제가 됐다. 그가 마운드에서 중얼거린 것은 "할 수 있어. 난 할 수 있어. 이대로 막아낼 수 있어."라는 긍정적인 말이었다. 설령 주자를 내보냈더라도 "괜찮아. 다음 타자를 병살로 잡아낼 수 있어."라는 긍정적인 말을 자신의 뇌에 건넨다. 그럼으로써 심리적으로 우위에 서서 당당하게 실력을 발휘했다. 이것은 오타니 선수도 마찬가지다. 오타니 선수에 대해서는 개인 지도가 아닌 팀 지도의 형태로 지도했다. 그때 그에게 계속 이렇게 말했다.

"부정적인 생각이 들었다면 그것을 긍정적인 말로 상쇄시키시오."

실제로 마운드에 서서 타자를 상대하거나 타석에서 투수와 대치하는 오타니 선수를 보면 겁을 먹었다거나 긴장한 모습을 전혀 찾아볼 수 없다. 이것은 항상 '자신의 뇌에 긍정적인 말을 건네기에' 가능한 일이다. 경기 후에 기자들에게 하는 말에서도 짐작할 수 있다. 오타니 선수는 메이저리그에서도 2023년의 월드 베이스볼 클래식WBC에서도 "괜찮아. 반드시 이길 수 있어."라는 긍정적인 말을 자신에게 건네며 투타 양면에서 끊임없이 활약했다.

최강 사고를 갖춘 사람은 모두 자신의 뇌에 항상 긍정적인 말을 건넨다. 그리고 오늘보다 내일의 성장을 상상하며 고된 훈련도 앞장서서 수행해 선수로서의 수준을 높여나간다. 그렇게 해서 최강 사고를 만들어나가는 것이다.

4. 오타니 쇼헤이의 클리어링 기술

《《《《《《《《《《《《《《

빨리 실패를 잊고 기분 전환을 하자

실수를 저질렀을 때, 결과를 내지 못했을 때, 상사나 선배에게 혼이 나서 기분이 우울해졌을 때. 이런 기억은 최대한 빨리 지워버려야 한다. 자신의 뇌를 부정적으로 만들어 발휘 능력을 크게 떨어뜨리기 때문이다.

어떤 분야에서든 일류로 불리는 사람은 좋지 않은 기억을 최대한 빨리 잊어버리고 기분을 전환하는 능력을 지니고 있다. 이것이 '클리어링 능력'이다.

오타니 선수도 마찬가지다. 그는 설령 투수로서 상대 타자에게 안타나 홈런을 허용하더라도 혹은 타자로서 타석에서 삼진을 당하더라도 그 기억을 계속 남겨두지 않는다. 이것은 그의 행동을 보면 분명히 알 수 있다. 가령 삼진을 당했을 때 오타니 선수는 마운드에 서 있는 투수를 무섭게 노려보며 더그아웃으로 돌아간다. '다음에는 반드시 쳐 주겠어!' 이런 굳은 결의가 분명하게 느껴진다.

반대로 고개를 푹 숙인 채 더그아웃으로 돌아갔다면 어떻게 될까? 상대 팀으로서는 '오케이. 오타니 쇼헤이를 잡았어.'라는 생각이 한층 강해질 것이다. 배트로 땅바닥을 내리치는 행위도 마찬가지다. 분한 마음에서 그렇게 할 수도 있다. 하지만 상대는 그것을 약한 모습으로 판단하고 자신이 심리적으로 우위에 섰다고 느끼게 마련이다.

스포츠뿐만 아니라 다른 분야에서도 지금 당한 '삼진'의 충격을 최대한 빨리 잊어버리기를 바란다. 슈퍼 브레인 트레이닝SBT에서는 이것을 '3초 규칙'이라고 부른다. 스포츠의 경기력은 감정의 영향을 크게 받는다. 따라서 감정을 컨트롤하는 것은 매우 중요한 일이다. 만약 경기에서 실수를 저질렀다면 3초 이내에 "좋아. 다음에는 반드시 제대로 하겠어."라고 자신 있게 소리 내어 말한다. 자신도 모르게 한숨을 내쉬었더라도 3초 이내에 기분을 전환해 "좋았어. 다음에는 제대로 하는 거야!"라고 긍정적인 말을 하면 된다.

오타니 선수뿐만 아니라 일류로 불리는 운동선수에게 공통되는 점은 실패를 즉시 잊고 기분을 전환하는 능력이 뛰어나다는 것이다. 이 기술을 터득하는 것도 멘탈 트레이닝을 하는 목적 중 하나임을 기억하자.

≪≪≪≪≪≪≪≪≪≪≪≪≪≪
빨리 성공을 잊고 현재에 100% 집중하자

실수나 실패는 빨리 잊어버려야 한다고 말했다. 마찬가지로 성공했을 때의 기쁨도 잊어버리는 것이 좋다. 성공 경험을 다음 기회에도 활용해야 한다고 생각하는 사람도 있겠지만 그것은 큰 오해다. 성공했을 때의 기쁨을 계속 남겨두면 마음이 느슨해져 집중력이 떨어지며 그것이 다음 경기에서 실수를 일으킬 때가 있기 때문이다.

고교야구의 세계에서는 이런 일이 자주 일어난다. 토너먼트 형식의 지역 대회에서 승리를 거듭한 학교가 고시엔에 진출할 수 있다. 그런데 연습 경기에서 수없이 이겼고 누가 봐도 실력 차이가 확연한 상대와 맞붙었음에도 막상 실전에서 허무하게 지는 일이 드물지 않다. 이것은 '방심이 낳은 결과'라고밖에 설명할 길이 없다. '우리가 상대보다 실력이 더 뛰어나.'라는 우월감과 '이 정도 상대는 쉽게 이길 수 있어.'라는 과도한 자신감이 불러온 안심감이 마음을 느슨하게 만들고 투쟁심을 무디게 만든 것이다.

이럴 때 현장의 지도자는 "마음을 비우고 플레이하라."고 선수들에게 주문할 것이다. 그러나 정작 중요한 '어떻게 해야 마음을 비울 수 있는가?'를 설명하지 못하는 경우가 드물지 않다. 과거의 실수나 실패뿐만 아니라 성공 체험조차도 머릿속에서 지워버리고 지금 결과를 내는 것에만 100% 집중한다. 이것이 바로 마음을 비우는 것이다.

「최강 멘탈 수업 1」에서 말했듯이 오타니 선수는 이 능력이 매우 뛰어났다. 실제로 고등학생 시절뿐만 아니라 일본 프로야구, 나아가 메이저리그라는 큰 무대에서도 설령 대형 홈런을 맞든 쟁쟁한 강타자들을 모조리 삼진으로 돌려세우든 항상 냉정하게 플레이하는 것이 텔레비전 화면으로 보는 내게도 분명하게 느껴진다.

성공했다고 해서 그 기억을 계속 남겨둬서는 안 된다. 한 번 성공했던 방법이 다음에도 똑같이 성공을 가져다주리라는 보장은 없기 때문이다. 성공하는 패턴은 한 가지가 아니다. 수없이 많다. 이렇게 생각하면 성공의 기쁨을 빠르게 지워야 하는 이유도 명확해질 것이다.

《《《《《《《《《《《《《
훈련할 때도 '잊어버리기'를 실천하자

클리어링은 실전에서만 필요한 능력이 아니다. 평소 훈련할 때도 활용해야 한다. 그 이유는 명쾌하다. 훈련에도 성공 또는 실패가 존재하기 때문이다. 스포츠뿐만 아니라 온갖 상황에도 공통되

는 이야기다. 가령 훈련하다가 터무니없는 실수를 저질렀다고 가
정하자. 이때 그 모습을 지켜보던 지도자가 "대체 지금 뭐 하는 거
야? 그래서 어디 주전으로 뛸 수 있겠어?"라고 호통친 것을 계속
마음속에 담아두면 긍정적인 뇌로 훈련에 몰두할 수 없게 된다. 그
런 상태에서는 훈련을 계속한들 100% 집중하지 못한다. 선수로서
실력 향상을 기대할 수 없다. 그래서 평소 훈련할 때도 망각 능력
이 필요하다고 말한 것이다.

　가령 내부 경쟁이 치열한 팀에는 놀라운 경기력을 유지하는 선
수가 있는가 하면 이따금 저지르면 안 될 실수를 저지르는 선수도
있다. 후자의 경우 실수를 저질렀을 때 '이거 망했네. 어떡하지?'라
고 초조해해서는 안 된다. "괜찮아. 다음에는 반드시 최고의 플레
이를 보여주겠어."라는 긍정적인 말로 실수한 기억을 지워버려야
한다. 나는 멘탈 트레이닝을 지도할 때 "밤에 잠들기 전에 클리어
링을 실시하시오."라고 지시한다. 뇌는 자는 동안에도 활동한다. 그
래서 부정적인 감정을 가진 채 잠들어버리면 다음 날에도 그 감정
이 이어져버린다. 그런 상황을 회피한다는 의미에서도 잠들기 전
에 클리어링을 하는 것은 매우 효과적인 방법이다.

　인간은 누구나 실수를 저지른다. 실수를 저질러 상사나 선배에게
혼이 났다고 해서 비관적으로 되지 말고 '좋아, 다음에는 최고의 성
과를 내겠어!'라는 긍정적인 마음을 전면에 드러내기를 바란다.

잠들기 전에 나쁜 기억 부정적인 생각을 지워라

"어차피 무리예요."

팀플레이를 지도하다 보면 이렇게 말하는 사람을 종종 만난다. 이것은 능력의 성장을 가로막는 가장 위험한 말이다. 특히 결과를 내지 못하고 있는 팀, 매년 토너먼트 1회전에서 패하는 팀이 이 말을 자주 한다.

예전에 시즈오카세이코학원 고등학교 럭비부를 지도한 적이 있다. 그때 선수들은 하나같이 "우리가 하나조노(전국 고등학교 럭비 대회)에 진출한다고요? 절대 불가능해요."라고 말했다. 사실 그렇게 생각하는 것도 이상한 일은 아니었다. 시즈오카현에서는 1980년대까지 시미즈미나미 고등학교, 1990년대에 들어와서는 도카이대학교 부속 시즈오카쇼요 고등학교(1999년에 도카이대학교 제1고등학교와 도카이대학교 공업고등학교가 합병)가 압도적인 강자로 군림했기 때문이다. 반면에 시즈오카세이코학원 고등학교는 내가 지도하기 3년 전까지만 해도 인원이 부족해 다른 학교와 합동 팀을 꾸려야 하는 상황이었다. 하나조노는 문자 그대로 언감생심이었다.

게다가 그라운드를 야구부와 축구부 등 다른 운동부와 함께 사용했기 때문에 경기장의 5분의 1밖에 안 되는 공간에서 일주일에 이틀 그것도 하루 1시간 정도밖에 훈련하지 못하는 열악한 환경에 놓여 있었다. 그래서 나는 "그라운드에서는 짧은 시간밖에 훈련할 수 없으니 그밖의 시간에 럭비 훈련을 할 방법을 궁리해 보자."라고 제안했다. 그러자 선수들은 점심시간에 시청각실에 모여서 '이미지 트레이닝'을 해보자는 아이디어를 떠올렸다.

그 뒤로 나는 선수들에게 계속해서 긍정적인 정보를 줌으로써 '어차피 무리야.'에서 '할 수 있을지도.' 나아가 '우리는 반드시 하나조노에 진출할 거야.'라는 수준까지 의식을 바꿔나갔다. 그 결과 시즈오카세이코학원 고등학교는 내가 지도를 시작한 첫해인 2009년에 첫 하나조노 진출이라는 쾌거를 이루었다. 이 일은 지금도 시즈오카의 럭비 팬들 사이에서 '시즈오카의 기적'으로 회자되고 있다. 시즈오카세이코학원 고등학교는 이듬해에도 2년 연속으로 하나조노 진출에 성공했고 2023년까지 8회나 하나조노에 진출하며 시즈오카현에서 손꼽히는 럭비 강호로 알려지게 됐다.

자신의 미래를 진심으로 믿으려면 '어차피 무리야.'라는 기억을 뇌에서 지워야 한다. 그러려면 뇌에 축적된 데이터를 바꿔야 한다. 이것을 쉽게 할 수 있는 방법이 바로 멘탈 트레이닝이다.

5. 오타니 쇼헤이의
리벤지 사고 기술

<<<<<<<<<<<<<<
정정당당한 승부욕과 비뚤어진 승부욕의
차이는 무엇인가

우수한 사람들의 공통점 중 하나는 '정정당당한 승부욕'의 소유
자라는 것이다. 승부욕이 없이는 우수해질 수 없다. 이것은 누구나
알고 있는 사실이다. 다만 한 가지 조건이 더 필요하다. '정정당당
한 승부욕'이어야 한다는 것이다. 승부욕에는 '정정당당한 승부욕'
과 '비뚤어진 승부욕' 두 가지가 있다.

'정정당당한 승부욕'의 소유자는 졌을 때의 분한 마음 혹은 라이
벌을 이기지 못했을 때의 분한 마음을 도약대로 삼아 '다음에는 반

드시 이기겠어!'라고 마음먹는다. 이때 '다음에는 반드시 상대에게 승리한다는 목표를 세우고 승리한 모습을 상상한다.' '상대를 이기려면 어떤 훈련을 해야 할지 궁리한다'를 실행한다. 오타니 선수는 물론이고 일류로 불리는 운동선수들은 설령 상대에게 패하더라도 그것을 도약대로 삼아서 패배를 설욕하고자 적극적으로 훈련한다.

그런데 '비뚤어진 승부욕'의 소유자는 발상이 다르다. '어떻게든 저놈을 골탕 먹여야겠어.' '부상을 입혀서 제대로 플레이하지 못하게 해주자.' 등 패배에 대한 분풀이로 '상대를 곤란하게 만들자.'라는 의식이 강하게 발동하는 것이다. 분명히 상대를 곤란하게 만들면 그 순간에는 이길 수 있을지도 모른다. 그러나 장기적인 관점에서 보면 진정으로 실력을 키운 결과 얻어낸 승리가 아니기 때문에 다른 강력한 라이벌이 등장하면 똑같은 방식으로 패하게 된다. 이래서는 진정한 성장을 할 수 없다.

비뚤어졌다는 것은 바꿔 말하면 '뇌가 부정적으로 된' 증거이기도 하며 정정당당하다는 것은 '뇌가 긍정적으로 된' 증거다. 같은 승부욕이라도 둘 사이에는 큰 차이가 있는 것이다.

≪≪≪≪≪≪≪≪≪≪≪≪≪
근거가 없어도 되니 "괜찮아."라고 말하자

스트레스는 인간의 큰 적이다. 전형적인 스트레스일수록 '뇌가 부정적으로 됐다.'는 증거이기도 하며 증상이 악화되면 자율신경이 흐트러져 자포자기 상태가 되거나 의욕이 떨어지는 등 정신적인 불안이 커진다.

스트레스의 원인은 강력한 라이벌만이 아니다. 팀 내에도 스트레스를 발생시키는 요소가 존재한다. 그 요소는 상사나 선배 같은 지도자들일 수도 있고 팀 내 경쟁자일 수도 있다. 상사나 선배에게 불만을 품어 적절한 조언조차 귀담아듣지 않게 됐다면 중증화되기 일보 직전의 상태라고 할 수 있다.

프로 운동선수나 올림픽 대표급의 선수도 지도자와 마찰을 빚어 점점 성적이 떨어진 사례가 적지 않다. 또한 팀을 통솔하는 주장이나 라이벌 선수에게 불만 또는 반감을 느끼는 선수도 상당히 많다. 이런 심리 상태로는 훈련에 참여한들 스트레스가 한층 커질 뿐이다. 부정적인 뇌의 상태가 계속되기 때문에 훈련 성과가 오르지 않는다. 그리고 이 상태로 잠들어버리면 다음 날 눈을 떴을 때 '오늘도 훈련인가……. 정말 싫다…….'라는 생각으로 아침을 맞이하게 된다. 이래서는 뇌가 어제보다도 더 부정적으로 되어버리기 때문에 어딘가에서 그 감정을 끊어내야 한다.

뇌는 잠들기 직전의 정보를 중요하다고 인지해 기억 속에 담아두려 하는 특징이 있다. 그러므로 잠들기 직전에 좋은 이미지를 떠올려 긍정적인 정보를 만들어낸 다음 잠들면 다음 날 아침에는 긍정적인 이미지를 가진 채로 깨어날 수 있다.

스트레스를 이겨내는 열쇠는 뇌를 부정적인 상태에서 긍정적인 상태로 만드는 것이다. 이를 위해서도 잠자리에 들기 전에는 반드시 좋은 이미지를 떠올리고 "괜찮아. 내일부터는 반드시 모든 게 잘 풀릴 거야."라는 긍정적인 말을 하면서 잠을 청하기를 바란다. 이때 아무런 근거가 없어도 괜찮으니 "괜찮아."라는 결의를 소리 내어 말하고 감정도 그렇게 느끼는 것이 중요하다.

일류 운동선수의 적은 뇌가 불만을 품는 것이다

'불만'과 '감사'는 동전의 양면과도 같다. 그러나 세상에는 이 사실을 깨닫지 못한 사람이 상상 이상으로 많다. 일류로 불리는 운동선수라도 슬럼프에 빠졌을 때 그것을 지도자나 환경 탓으로 돌리면 실력이 계속 하락한다. 뇌가 '불만'이라는 스트레스를 가지고 있으면 몸의 움직임이 둔해지며 신체 능력뿐만 아니라 순간적인 판단력까지 떨어뜨리고 만다.

세계복싱협회wba와 세계복싱평의회wbc의 미니멈급(47.627킬로그램 이하) 세계 챔피언이었고 현재는 일본 복싱 협회의 오하시 히데유키 회장은 이 사실을 깨달았던 인물 중 한 명이다. 그는 자신의 복싱 체육관을 운영하고 있었는데 산리의 능력개발연구소를 찾아왔다. 그리고는 자신이 운영하는 복식 체육관에서 21세가 되기 직전에 복싱을 시작한 가와시마 가쓰시게 선수의 슈퍼 브레인 트레이닝SBT 연간 지도를 의뢰했다.

"일류 운동선수의 적은 방심이 아니야. 애초에 일류 운동선수는 누구도 방심하지 않거든. 정말로 두려운 적은 뇌가 불만을 품는 것이지."

이것은 가와시마 선수에게 했던 조언이다. 그는 훗날 오하시 체육관 최초의 일본 챔피언과 세계 챔피언이 된다. 그에게 앞으로 무슨 일이 있더라도 지금까지 지원을 아끼지 않고 있는 오하시 회장에게 철저히 감사하라고 지도했다. 21세가 되기 직전에야 권투를 시작한 것을 보면 재능을 타고났다고는 보기 어렵다. 그러나 불만이 아닌 감사의 마음을 잃지 않으며 도전한 결과 세계 챔피언이라는 꿈에 도달한 것이다.

현재 오하시 복싱 체육관에는 4체급 세계 챔피언이며 일본의 역대 챔피언 중에서도 최강으로 평가받는 이노우에 나오야 선수가 있다. 물론 이노우에 선수의 뛰어난 복싱 기술과 우수한 신체 능력에도 찬사를 아끼지 말아야겠지만 그의 발언을 듣고 있으면 오타니 선수와 마찬가지로 '정정당당한 승부욕'의 소유자임을 알 수 있다. 상대 선수를 도발하는 행위나 언동은 전혀 하지 않고 항상 상대를 존중하는 발언을 한다. 설령 상대가 자신을 도발하더라도 대응하지 않고 "최고의 복싱을 보여주고 싶다."라는 긍정적인 발언을 한다.

오하시 회장은 불만의 마음을 감사의 마음으로 바꾸는 것의 중요성을 알고 있다. 그런 오하시 회장에게 지도받고 있음을 생각하면 '강한 복서가 되기 위해서는 어떻게 행동해야 하는가?'에 관해

조언을 받은 것이 아닐까 추측된다.

여러분도 지금 큰 불만을 품고 있다면 조금씩이라도 좋으니 그것을 감사의 마음으로 바꿔보기를 바란다. 이를테면 매일 집에서 맛있는 밥을 먹을 수 있음에 감사하는 것도 좋다. 작은 감사를 하나하나 쌓아서 올리면 된다. 매일 밥을 먹을 수 있는 것에 감사한다. 동료가 있는 것에 감사한다. 부모님이 응원해 주시는 것에 감사한다.

빈 컵에 물을 한 방울 한 방울 떨어트리듯이 컵에 '감사'를 조금씩 채워나간다. 이윽고 컵이 가득 차서 넘쳐흐르게 되면 자연스럽게 감사할 수 있는 마음이 샘솟을 것이다.

《《《《《《《《《《《《《
성공하기 위해선 인간적 성장이 필요하다

이 책을 읽기 전까지만 해도 '열심히 훈련하면 기술이 향상되어서 일류가 될 수 있을 것이다.'라고 생각했던 독자가 많을 것이다. 그러나 이제는 그렇지 않다는 사실을 깨닫지 않았을까 싶다.

일류로 불리는 사람은 커다란 보유 능력을 갖춘 '성장하는 사람'인 동시에 높은 발휘 능력을 갖춰 '활약할 수 있는 사람'이다. 보유 능력을 키우고 발휘 능력을 높이려면 다음의 네 가지가 필요하다.

① 정정당당한 승부욕의 소유자다.

② 가슴을 설레게 하는 목표가 있다.

③ '몰아붙이는 능력'이 있다

④ 클리어링 능력을 지녔다.

이것들을 갖추려면 인간적인 성장이 요구된다. 단순히 기술만 뛰어나면 된다든가 신체 능력이 뛰어나면 된다는 생각으로 평소의 훈련에 임하면 반드시 언젠가 기술적 한계가 찾아온다. 인간적으로 성장하지 못했다면 이때 한계를 극복하지 못하고 '이젠 틀렸어.'라며 포기하게 된다.

슈퍼 브레인 트레이닝SBT에서는 '사회적 성공'과 '인간적 성공'이라는 두 가지를 반드시 추구하도록 지도한다. 사회적 성공은 운동선수가 올림픽 금메달을 획득한다거나 비즈니스맨이 매출 1위를 달성한다거나 수험생이 원하는 학교에 합격하는 것 등이다. 그리고 인간적 성공이란 '왜 그 목표에 도달할 필요가 있는가?' '그 목표를 달성했을 때 어떻게 되고 싶은가?'를 가리킨다. '무슨 수를 쓰더라도 이기기만 하면 된다.' '부자가 되기 위해서라면 뭐든지 해도 된다.' 같은 단편적인 생각으로는 일시적으로 성공을 거두더라도 오래 유지하지 못하며 반드시 어떤 시점에 파멸을 맞이한다. 나는 내가 지도한 사람이 그렇게 되기를 바라지 않는다. 그래서 어떤 분야든 성공하려면 인간적인 성장이 필요하다고 강조한다.

강한 마음은 강력한 경쟁력으로 이어진다. 오타니 선수는 그 점을 이해했기에 사회적 성공과 인간적 성공을 함께 추구할 수 있었다.

자신만이 아닌 타인의 기쁨을 목표로 하면 힘이 솟아난다

: 여자 소프트볼 대표팀은 '장기 목표 설정'을 통해 금메달을 땄다

2008년 베이징 올림픽에서 금메달을 획득한 일본 여자 소프트볼 대표팀. 4년 전의 아테네 올림픽에서 동메달에 그쳤던 만큼 그 기쁨은 한층 컸다. 또한 1996년의 애틀랜타 올림픽에서 정식 종목으로 채택된 이래 소프트볼의 발상지인 미국이 금메달을 독점해왔음을 생각하면 일본의 금메달 획득은 쾌거라고 부르기에 손색이 없는 사건이었다.

우리가 여자 소프트볼 대표팀의 지도를 시작한 것은 베이징 올림픽이 개최되기 1년 반 전이었다. 이때 "너희의 목표는 뭐지?"라고 묻자 "물론 금메달이요!"라는 씩씩한 대답이 돌아왔다. 우리는 선수들에게 다시 질문했다. "무엇을 위해 금메달을 따려는 거지? 금메달을 따려는 목적이 뭔지 말해 줄 수 있는 사람?" 이번에는 아무도 대답하지 못했다.

그래서 우리는 제일 먼저 장기 목표 설정에 착수했다.

"왜 올림픽에서 금메달을 획득할 필요가 있는가?"

이때 선수들이 떠올린 것은 베이징 올림픽을 마지막으로 여자 소프트볼이 정식 종목에서 제외된다는 사실이었다. 그리고 정식 종목에서 제외된 가장 큰 이유는 '미국이 금메달을 독점하기 때

문'이었다. 요컨대 '올림픽에서 금메달을 획득한다면 여자 소프트볼은 다시 정식 종목이 될 가능성이 있으며 올림픽을 목표로 열심히 노력하고 있는 어린 선수들의 꿈을 지켜줄 수 있다.'라고 생각한 것이다. 그래서 선수들은 장기 목표를 '세계 최고가 된다.'로 하고 목적을 '어린 선수들의 꿈을 지켜준다.'로 했다.

앞서도 말했지만 목적이 결여된 목표는 공상으로 끝나고 만다. 반대로 목적이 뚜렷하면 목표는 더욱 명확해진다. 대회가 끝난 뒤 팀의 에이스인 우에노 유키코 투수는 인터뷰에서 이렇게 말했다.

"저희가 짊어진 것은 저희 자신의 마음만이 아니었습니다. 사람들을 위해서 금메달을 획득하겠다고 생각했기에 더욱 열심히 노력할 수 있었습니다."

인간은 자신을 위한 목표만을 세우고 앞으로 나아가려 하면 어딘가에서 벽이 부딪혔을 때 마음이 약해져서 포기하거나 도망치고 싶어지는 법이다. 그러나 타인에게 기쁨을 준다는 목표를 설정하면 아무리 어려운 상황에서도 어떻게든 타개하려는 긍정적인 힘이 솟아난다.

그 후 여자 소프트볼은 도쿄 올림픽에서 13년 만에 정식 종목으로 부활했고 일본은 2008년에 이어 연속으로 금메달을 획득했다. 이때 39세가 된 우에노 투수는 "누군가를 위해서 던지고 싶다. 모두의 기대에 부응하고 싶다. 오직 그 생각뿐이었습니다."라고 말했다.

장기 목표를 세우는 것은 누구나 할 수 있다. 다만 이때 잊지 말아야 할 것이 '어떤 목적에서 그 목표를 달성하려 하는가?'다. 그리고 이때 설정한 목적이 '누군가를 위해서 그 목표를 달성한다.'는 것이라면 아무리 어려운 목표라도 달성할 때까지 계속 노력할 수 있게 된다.

여담이지만 우에노 투수는 사인할 때 '성신력'이라는 문구를 함께 적어 넣는다고 한다. 니혼TV의 방송인 「파워 프레이즈 POWER Phrase」 2019년 1월 6일 방송에서도 우에노 투수는 '성신력=정신력'을 자신의 파워 프레이즈로 소개했다.

최강 멘탈 수업 **3**

성공하는 데 반드시 필요한
뇌 활용 방법

Ohtani Shohei

1. 성공에 필요한 '뇌 구조' 이해

《《《《《《《《《《《《《《

결과를 내는 사람은 '몸'보다 '머리'를 사용한다

스포츠는 몸으로 하는 것일까, 머리로 하는 것일까?

아마 대부분 '무슨 얼토당토않은 질문이야? 당연히 몸이지.'라고 생각할 것이다. 실제로 그 종목에 대한 능력은 뛰어나지만 학창 시절의 교과 성적은 형편없었던 운동선수도 적지 않다. 다만 그것만으로 '그 선수는 머리가 나쁘다.'라는 꼬리표를 붙여서는 안 된다. 어떤 스포츠든 선수는 플레이할 때 뇌 전체를 사용해서 이미지 떠올리기, 분석, 감정 컨트롤을 하며 몸을 혹사한다. 뇌가 몸을 움직이는 것이다. 게다가 그저 몸을 움직이기만 하면 되는 것이 아니다. 얼마나 민첩하게 그리고 이미지대로 정확히 움직일 수 있느냐가 중요하다. 근육이 활발하게 움직이지 않으면 몸도 부드럽게 움직이지 않기 때문에 민첩성과 정확성이 결여되고 만다.

　그 좋은 사례가 투수의 피칭이다. 투수는 투구 동작에 들어가면 팔이나 어깨는 물론이고 상반신부터 하반신에 이르기까지 온몸의 근육을 사용해서 공을 던진다. 손가락 끝부터 발가락 끝까지 모든 근육을 균형 있게 그리고 타이밍 좋게 조합해서 움직이는 것은 뇌의 지령이 있기에 가능한 일이다. 그런데 긴장감이나 중압감이 있으면 근육이 굳어서 쓸데없는 힘이 들어가버리기 때문에 스트라이크 존에 공을 던지지 못하거나 한가운데로 공을 던져 타자에게 통타당하는 등 자신이 머릿속에 그렸던 피칭을 하지 못하게 된다.

　또한 피칭 기술을 향상시키기 위해 매일 훈련할 때도 하루하루 과제를 설정해서 기술을 향상시켜 나가야 한다. 의욕이 샘솟는 것도 반대로 의욕을 잃는 것도 뇌의 영향이 크다. 이렇게 생각하면 "스포츠는 몸으로 하는 것이 아니라 뇌로 하는 것"이라는 말이 이해될 것이다. 그러니 지금부터 이야기할 뇌의 구조를 기억해 두기를 바란다.

뇌의 3층 메커니즘을 이해해야 효과적이다

어떻게 뇌를 효과적으로 사용할 수 있을까? 이것을 알기 위해서도 뇌의 구조를 이해할 필요가 있다. 인간의 뇌는 구조가 매우 단순해서 대뇌신피질, 대뇌변연계, 뇌간 등 셋으로 나눌 수 있다.

대뇌신피질은 107쪽의 그림「뇌의 3층 전체가 순식간의 반응한다」에서 가장 바깥쪽에 있는 부분이다. 이곳은 슈퍼 브레인 트레이닝SBT에서는 '지성뇌'라고 부른다. 대뇌변연계는 희로애락 등의 감정을 관장한다. 내부에는 '편도핵'이라는 약 1.5센티미터 크기의 작은 아몬드처럼 생긴 뇌가 있다. 이곳에서 쾌·불쾌의 감정이 발생한다. 대뇌변연계를 슈퍼 브레인 트레이닝SBT에서는 '감정뇌'라고 부른다.

뇌간은 척수 위에 있는 작은 뇌로 필요한 호르몬을 분비하도록 지시해 체온, 혈압, 호흡수, 맥박 등의 생명 활동을 제어한다. 이 부분을 슈퍼 브레인 트레이닝SBT에서는 '반사뇌'라고 부른다. 여기에서 말하는 호르몬에는 투쟁 호르몬인 아드레날린, 의욕 호르몬인 도파민, 행복 호르몬인 세로토닌 등도 포함되어 있다.

또한 슈퍼 브레인 트레이닝SBT에서는 뇌가 3층 부분=지성뇌, 2층 부분=감정뇌, 1층 부분=반사뇌로 '3층 구조로 되어 있다.'라고 지도한다. 처음에 소개한 3층 부분의 지성뇌는 현명한 뇌다. 오감을 통해서 들어오는 자극을 정보로 받아들여 순식간에 분석하고 판단하며 그 직후에 데이터로서 기억한다. 야구를 예로 들면 무사 만루에서 타자가 외야에 얕은 뜬공을 쳤을 때 3루 주자는 '지금 태그업을 하면 홈에서 죽을 것이다.'라고 판단해 3루에 머문다. 이런 판단을 순식간에 하는 것이 지성뇌의 역할이다.

한편 1층 부분의 반사뇌는 상황에 맞춰 호르몬을 분비하기 때문에 긴장, 불안, 초조함 등의 원인을 만든다. 본인의 의지보다 감정에 좌우되는 특징이 있다. 몸의 컨디션을 변화시켜 제 실력을 발휘하지 못하는 원인이 된다.

2층 부분의 감정뇌는 뇌에서 내가 가장 중요하게 생각하는 부분이다. 경기에서 승리하면 무엇과도 비교할 수 없는 기쁨의 감정이 솟아나며 다음 경기에서도 최선을 다해 플레이하자는 의욕이 샘솟는다. 이것은 감정뇌가 작용한 결과다. 반대로 '하기 싫어.' '이 상황에서 도망치고 싶어.'라는 부정적인 생각이 커지는 것도 감정뇌의 작용이다.

2층 감정뇌에서 생겨난 부정적인 감정은 그 자리에서 1층 부분의 반사뇌에 전해지고 즉시 온몸에 위험 신호가 전달된다. 이때 3층 부분의 지성뇌에도 전달되며 부정적인 감정이 지성뇌의 활동을 떨어뜨린 결과 긴장과 흥분으로 몸이 생각처럼 움직이지 않게 된다.

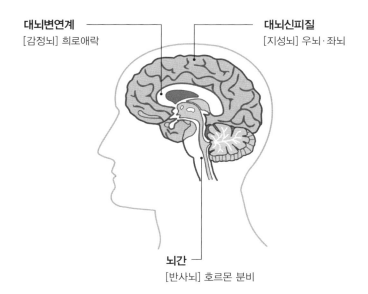

대뇌변연계
[감정뇌] 희로애락

대뇌신피질
[지성뇌] 우뇌·좌뇌

뇌간
[반사뇌] 호르몬 분비

뇌의 3층 전체가 순식간에 반응한다

《《《《《《《《《《《《《《

우뇌와 좌뇌가 연동되어 쾌 또는 불쾌가 만들어진다

뇌를 정면에서 바라보자. 대뇌신피질은 한가운데의 커다란 홈을 중심으로 우뇌와 좌뇌로 나뉜다.

우뇌는 이미지를 관장하는 '직감뇌'다. 감정이나 이미지를 담당하며 '미래를 생각하는 뇌'로도 불린다. 한편 좌뇌는 분석과 판단을 관장하는 '논리뇌'다. 말이나 의식과 관련해 논리적인 측면이 있으며 '과거를 생각하는 뇌'이기도 하다.

이처럼 지성뇌인 대뇌신피질은 '직감뇌'와 '논리뇌'의 두 가지로 구성되어 있다. 그리고 우뇌는 '이미지를 만들어서 기억하면 많은 양의 정보를 절대 잊지 않을 만큼 깊게 기억할 수 있는' 능력을 지니고 있다.

'초등학생 때 운동회에서 이어달리기를 하다 넘어져버렸다.'

'중학생 때 합창 대회에서 음정이 이탈해 부끄러웠다.'

'고등학생 때 반에서 제일 인기가 많았던 아이에게 고백했다가 보기 좋게 거절당해 놀림거리가 됐다.'

'대학생 때 아르바이트하면서 친해진 동료와 여행을 갔는데 숙박한 호텔에 화재가 발생했다.'

이런 사건들은 평소 기억의 밑바닥에 잠들어 있지만 단순한 옛 추억이 아니라 그때 느꼈던 감정까지 함께 기억으로 남아 있다. 게다가 주목해야 할 점은 '부정적인 감정일수록 기억에 정착되어 좀처럼 잊히지 않는다.' '부정적인 사건이 긍정적인 사건보다 더 인상에 강하게 남는다.'라는 것이다. 듣기 싫은 말을 한 사람은 기억하지 못하는데 그 말을 들은 당사자는 한참 후에도 생생하게 기억하는 경우가 종종 있다. 또한 타인의 험담을 하는 사람은 평소에도 부정적인 감정에 휩싸여 있다. 그러다 보니 평소에 함께 있는 것만으로도 부정적인 감정이 솟아나기 쉽다.

이처럼 우뇌는 부정적인 기억을 압도적으로 많이 받아들인다.

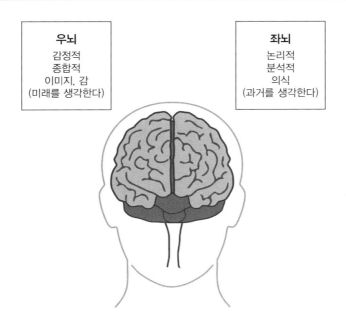

우뇌와 좌뇌는 연동되어 있다

우뇌
감정적
종합적
이미지, 감
(미래를 생각한다)

좌뇌
논리적
분석적
의식
(과거를 생각한다)

그러다 보니 인생을 오래 산 사람일수록 새로운 일을 시작하려 하면 우뇌에서 부정적인 이미지가 솟아나며 논리뇌인 좌뇌가 이 이미지를 근거로 '역시 못하겠어.'라는 결론을 내린다.

그렇다면 어떻게 해야 '못하겠어.'가 아니라 '할 수 있어!'라고 생각하도록 만들 수 있을까? 이때는 2층의 감정뇌가 중요하다. 감정뇌에는 편도핵이라고 부르는 중요한 센서가 있다. 이것이 뇌에 쾌(기쁘다, 즐겁다, 좋아한다, 기분 좋다)인가 불쾌(분하다, 괴롭다, 싫다, 기분 나쁘다)인가를 판단해 뇌에 지령을 보낸다. 쾌로 느끼면 결과는 좋은 방향으로 나아갈 확률이 높아지며 불쾌로 느끼면 결과는 나쁜 방향으로 나아가는 경향이 강해진다.

《《《《《《《《《《《《《《
마이너스 감정에서 빠져나와야 최적의 성과를 낸다

부정적인 감정이 되는 것은 감정뇌의 편도핵이 불쾌로 느꼈기 때문이다. 2층 부분의 감정뇌에서 발신된 불쾌 반응을 1층 부분의 반사뇌가 감지해 부정적인 호르몬의 분비를 촉진하고 3층 부분의 지성뇌가 작용해 사고를 부정적으로 이끄는 것이다. 이때 '감정과 사고의 일체화'라는 작업이 되어 사건과 감정을 한 세트로 기억 속에 정착시키려 한다.

한편 편도핵이 '쾌'로 느끼게 해 뇌에서 '의욕 호르몬'으로 불리는 도파민이 분비되면 뇌가 설렘으로 가득해져 의욕적으로 행동하고 싶어진다. 전문 파친코꾼이 그 좋은 예다. 그들은 도박꾼으로 파친코 가게가 문을 여는 동시에 시작하고 싶은 마음에서 개점 1시간 이상 전부터 가게 앞에 줄을 선다. 가게가 문을 열면 돈을 딸 수 있을 것 같다고 점찍은 파친코 기계 앞에 앉자마자 무섭게 집중한다. 점심이 되어도 근처의 편의점에서 미리 사놓은 샌드위치 등으로 빠르게 식사를 때우고 10~15분 후에는 다시 자신이 고른 기계 앞에 앉아 폐점 직전까지 파친코를 한다.

'대체 파친코가 뭐가 그렇게 재미있어서 저렇게까지 열중하는 걸까?'라는 생각이 들지 모른다. 그러나 그들은 어떤 의미에서 파친코로 생계를 꾸려나가기 때문에 파친코 기계를 고르는 안목도 날카로워진다.

이것을 스포츠나 비즈니스에 적용하면 된다. 전문 파친코꾼처럼 '즐겁다.' '영원히 하고 싶다.'라고 생각하는 감정이 없으면 절대 좋은 결과를 남길 수 없다는 말이다. 다시 말해 뇌가 부정적인 감정에 지배당하지 않게 하려면 편도핵이 쾌로 느끼게 해 최대한 많은 도파민을 분비시켜야 한다.

《《《《《《《《《《《《《《《
긍정 데이터로 '불쾌'를 '쾌'로 전환해야 한다

물론 마음을 자유자재로 컨트롤하는 것은 굉장히 어려운 일이다. 그러나 '쾌·불쾌의 뇌'로 불리는 편도핵이 쾌로 느끼게 하면 뇌를 긍정적으로 만들 수 있다. 그러면 다음의 세 가지 상황에 대해 편도핵이 불쾌로 느낄 때와 쾌로 느낄 때 사고가 어떻게 달라지는지 살펴보자.

① 강적이 나타났을 때

불쾌로 느낄 때	'어떡하지? 이대로는 경기에서 못 이길 거야.' → 투쟁력과 경기력이 떨어진다.
쾌로 느낄 때	'반드시 이겨주겠어.' → 투쟁력이 강화되고 경기력이 올라간다.

② 위기가 찾아왔을 때

불쾌로 느낄 때	아……, 이걸 어쩌지?' '큰일이네. 상대의 기세를 멈출 자신이 없어.' → 불안감, 긴장감, 압박감을 느끼며 경기력이 떨어진다.
쾌로 느낄 때	'좋았어, 게임은 지금부터야.' '반드시 이 위기를 극복해내겠어.' → 경기력의 향상과 적당한 긴장감을 유지할 수 있다.

③ 훈련할 때 느끼는 기분

불쾌로 느낄 때	'그냥 하기 싫어.' '괴로워. 도망치고 싶어.' → 집중력이 떨어진다, 꾀를 부리고 싶어진다.
쾌로 느낄 때	'훈련이 즐거워.' '재미있고 흥분돼.' → 집중력이 높아진다, 자주적으로 훈련한다.

이처럼 불쾌로 느낀 편도핵을 쾌로 전환할 수 있다면 위기 상황에서도 경기력이 향상되고 괴롭게 느꼈던 훈련조차도 즐거워진다. 그렇다면 어떻게 해야 편도핵의 스위치를 불쾌에서 쾌로 바꿀 수 있을까? 그 답은 편도핵의 스위치가 쾌가 되도록 긍정적인 데이터를 뇌에 입력하는 것이다. 그러면 감정, 이미지, 사고, 행동 같은 출력 부분이 변화한다.

심리적으로 초조해지거나 마음이 꺾이지 않는다

오타니 선수의 가장 큰 장점은 어떤 상황에서도 감정을 손쉽게 전환한다는 것이다. 특히 메이저리그로 간 뒤에는 이 장점이 뚜렷하게 나타나고 있다.

가령 '투수 오타니'가 스트라이크라고 생각한 공을 주심이 '볼'로 판정했다고 가정하자. 그럴 때 '왜?'라는 의미의 몸짓을 보이는 경우도 있지만 희로애락을 격하게 드러내지는 않는다. 사실 스트라이크와 볼 판정의 경우 어차피 주심에게 강력히 항의한들 번복되는 일은 없다. 더욱이 너무 노골적으로 항의를 계속하면 그 경기 이후 심판들에게 '태도에 문제가 있는 선수'로 인식돼 아슬아슬한 코스의 공을 오타니 선수에게 불리하게 판정할 위험성도 있다. 물론 오타니 선수도 하고 싶은 말은 있을 것이다. 그러나 승부에 대한 집중력을 높인다는 의미에서는 빠르게 기분을 전환하고 다음 공에 집중하는 것이 중요하다.

2023년 봄에 개최된 월드 베이스볼 클래식wBC에서 오타니 선수와 함께 뛰었던 주니치 드래곤즈의 다카하시 히로토 투수는 어떤 마음가짐으로 타자를 상대하는지 이야기를 나눴을 때 이런 말을 들었다고 한다.

"내 피칭은 참고하지 않는 편이 좋아. 난 그저 열심히 스트라이크 존 안으로 던지고 있을 뿐이거든."

오타니 선수는 눈앞의 타자를 상대로 공 하나하나 온 힘을 다해 던지고 있기에 결과를 두려워하지 않는 것이다. 또한 상대 타자를 잡아낼 생각만을 한다. 그런 오타니 선수의 자세에서는 주심의 판정 하나 때문에 심리적으로 초조해지거나 마음이 꺾이는 일이 없음도 엿볼 수 있다. 오타니 선수가 감정 전환을 능숙하게 하는 이유로 이런 점들을 간과해서는 안 된다.

2. 긍정 뇌 이론의 10가지 테크닉

《《《《《《《《《《《《《《
이길 수 있다고 생각할 때 이긴다

　상대의 이름을 듣고 '졌구나.'라고 느꼈을 때는 높은 확률로 패배가 확정된다. 맞붙을 상대가 결정됐을 때 여러분은 어떤 감정이 되는가? '좋아, 이길 수 있어!'인가, 아니면 '으악, 힘든 상대네.'인가? 전자일 경우는 방심만 하지 않는다면 이길 가능성이 높아지지만 후자일 경우는 질 가능성이 크게 높아진다.

　왜 '힘든 상대'라고 생각하는가? 이유는 명쾌하다. 지금까지 그 상대에게 여러 번 졌기 때문이다. 과거에 입력된 뇌의 데이터가 그 자리에서 '불쾌'로 판단한다. 물론 과거에 졌던 것은 바꿀 수 없는 사실이지만 이것을 바탕으로 다른 데이터까지 입력해버릴 때가 많다. '으악, 얼마 버티지도 못할 거야.' '이건 절대 못 이겨.' 같은 부정적인 생각이나 이미지가 새로운 데이터로서 재입력되어 편도핵의 판단을 더욱 강화시키는 것이다. 부정적인 데이터가 계속 축적되면 더더욱 상대가 강하게 느껴지게 마련이다. 맞붙기 전부터 '도저히 이길 수 있을 것 같지가 않아.'라며 일방적으로 백기를 들게 된다. 이래서는 절대 이길 수 없다. 이것은 야구나 축구 같은 단체경기에만 적용되는 이야기가 아니다. 골프, 테니스, 탁구, 배드민턴 같은 개인 경기도 마찬가지다.

패했던 경험을 떠올렸을 때 '도저히 이길 수 없었어.'가 아니라 '다음에는 반드시 이기겠어.'라는 마음을 강화하는 것이 중요하다. 이것을 반복하면 '이겼을 때의 이미지'가 더욱 선명해지며 승리해서 기뻐하는 모습의 이미지도 떠올라 설레게 된다. 그 결과 그전까지 떠올랐던 패배한 모습의 이미지는 사라지고 어느덧 상대를 압도하는 모습을 그릴 수 있게 된다. 바로 이것이 '긍정적인 데이터'를 계속 입력해야 하는 이유다.

<<<<<<<<<<<<<<<<
최악의 상황에서도 '긍정의 말'을 계속하라

설령 상황이 최악으로 치닫고 있더라도 계속 긍정적으로 생각할 수 있는 것이 '긍정적 사고'다. 경기에서 큰 실수를 했을 때, 자신의 실수가 치명타가 되어 경기에서 졌을 때, 보통은 침울해지거나 자포자기하게 마련이다. '좋아. 이번의 패배를 교훈 삼아서 다음에는 반드시 이기겠어.'라든가 '다음에는 실수를 없애자.'라고 생각하는 것은 절대 쉬운 일이 아니다.

그럴 때 거짓말이라도 좋으니 긍정적인 데이터를 뇌에 계속 입력해 보기 바란다. 다시 한번 강조하는데 거짓말이라도 상관없다. "다음에는 반드시 잘할 수 있을 거야.""다음 경기에서는 반드시 크게 활약할 수 있어."라고 믿으면서 소리 내어 말한다. 입 밖으로 나온 말은 뇌에 재입력되며 이것을 수없이 반복하면 이윽고 뇌가 속아 넘어가서 긍정적인 사고로 전환되어 간다.

"이 경기는 내 실수 때문에 졌어. 하지만 다음에는 반드시 잘할 수 있어."

이런 말을 자신에게 할 때마다 그대로 뇌에 재입력되어 뇌에 그 말을 건네기 시작한다. 그 결과 '그렇게 되도록 노력하자.' '몰아붙이는 작업이 필요하겠군.'이라는 생각이 들면서 긍정적 사고가 되어간다. 그러다가 어떤 곤란한 상황이 찾아오더라도 저절로 '괜찮아. 걱정할 필요 없어.'라고 생각하게 되는 것이다.

긍정적인 데이터를 입력하고자 할 때 가장 좋은 말이 있다. 바로 "운이 좋네."다. 속는 셈 치고 시험해 보기 바란다. 엄청난 위기 상황에서도 "운이 좋네."라고 하고 컨디션이 최악일 때도 "운이 좋네."라고 해보자.

운이나 행운은 인간의 상상을 아득하게 초월한 초자연이 만들어내는 힘이다. 그런 거대한 힘의 보호를 받고 있다는 착각에 빠져 신기할 만큼 자신감이 용솟음칠 것이다.

스포츠의 세계에만 국한된 이야기가 아니다. 비즈니스나 공부의 경우도 마찬가지다. 성공하는 사람은 어떤 역경 속에서도 '나는 운이 좋아.'라고 생각하기 때문에 뇌가 긍정적인 상태를 유지하며 불만 따위는 조금도 느끼지 않는다. 그리고 최종적으로는 그때까지 절망적으로 생각됐던 수많은 어려움을 극복하고 성공한다. 긍정적인 말을 계속 입력하면 성공으로 향하는 길이 열리는 것이다.

《《《《《《《《《《《《《
'맞아·하지만'으로 부정을 긍정으로 전환하라

슈퍼 브레인 트레이닝SBT에서 실천하는 트레이닝 방법의 하나로 '맞아·하지만YES·BUT 기법'이라는 것이 있다. 이것은 뇌에 생겨난 부정적인 이미지나 부정적 사고를 긍정적으로 전환하는 방법이다. 가령 경기에서 위기에 몰려 '젠장 이거 상황이 힘들어졌네.'라는 불안감이 엄습하면 '괜찮아. 반드시 잘 풀릴 거야.'라고 생각하고 싶어도 좀처럼 그런 생각이 들지 않기 마련이다.

그럴 때 "맞아YES."라고 받아넘긴다. '맞아YES. 정말로 어려운 상황이야.'라고 부정적인 생각을 승인한 다음 발상의 포인트를 바꾸는 것이다.

'젠장 이거 상황이 힘들어졌네. 맞아YES. 이 위기를 극복하지 못할지도 몰라. 하지만BUT 상대도 이 기회를 살릴 수 있을지 불안해하고 있을 거야.'

'하지만BUT 지금이 승부처야. 나 자신을 믿자. 내가 할 수 있는 일은 그것뿐이야.'

다시 말해 '부정적인 생각을 해서는 안 돼.'가 아니라 '부정적인 생각을 일단 승인한 다음 긍정적인 사고로 바꿔나가는' 방법이 '맞아·하지만YES·BUT 기법'인 것이다.

가령 이런 상황에서는 어떻게 하면 될까?

① '오늘은 훈련하고 싶지 않아……'
- 머릿속에 떠오르는 맞아YES의 예: 사실은 핑계를 대서 훈련을 빠지고 쉬었으면 좋겠어.
- 머릿속에 떠오르는 하지만BUT의 예: 하지만 오늘 열심히 훈련하면 한 단계 더 높이 올라갈 수 있어.

② '내게 도쿄대학교 합격이라는 목표는 너무 높아서 무리야.'
- 머릿속에 떠오르는 맞아YES의 예: 전체 등수가 중간도 안 되는 내게는 무모한 목표야.
- 머릿속에 떠오르는 하지만BUT의 예: 하지만 지금부터 열심히 공부해서 도쿄대학교에 합격한다면 장밋빛 미래가 기다

릴지도 몰라.

처음에는 '하지만BUT' 이후의 말이 잘 떠오르지 않을지도 모른다. 그럴 때는 '부정적인 생각을 해서는 안 돼.'라고 부정하지 말고 일단 부정적인 생각을 인정한 다음 긍정적인 사고로 바꿔보는 훈련을 계속하는 것이 '맞아·하지만YES·BUT 기법'에 능숙해지는 비결이다. 이 사고가 습관이 되어서 몸에 배면 다양한 상황에서 큰 효과를 발휘할 것이다.

3. 셀프 토크, 보디랭귀지,
   멘탈 리허설 활용

《《《《《《《《《《《《《《《

'셀프 토크'가 긍정적인가 부정적인가에 따라

결과가 다르다

멘탈 트레이닝을 할 때는 다음의 세 가지를 마스터할 필요가 있다. 그 세 가지 중에서 먼저 '말'에 관해 소개하겠다. 여러분도 경기 중에 혼잣말을 중얼거리는 선수를 본 적이 있을 것이다. 이것을 '셀프 토크'라고 부르는데 긍정적인 말을 하느냐 부정적인 말을 하느냐에 따라 그 후의 결과가 크게 달라진다.

예전에 이런 실험을 한 적이 있다. 골프를 하는 그룹을 둘로 나눈 뒤에 각각 다른 셀프 토크를 하게 했다. A그룹은 "잘 쳤어." "오늘 컨디션 좋은데?" "괜찮아." "성공할 거야." 같은 긍정적인 셀프 토크를 하게 했다. B그룹은 "젠장." "큰일이네." "망했네. 어떡하지?" "이건 실패할지도 몰라." 같은 부정적인 셀프 토크를 하게 했다. 실험 결과는 A그룹이 B그룹보다 훨씬 좋은 스코어로 라운드를 마치는 것으로 나왔다.

말에는 신기한 힘이 깃들어 있다. 긍정적인 말이나 혼잣말을 하면서 하루를 보내면 그날의 성과가 완전히 달라질 것이다. 반대로 부정적인 말만 하면 여러분은 실력을 100% 발휘하지 못하게 된다.

일반적으로 우리는 자신의 마음과 마주하는 작업을 하지 않는다. 이것은 비단 스포츠에만 국한된 이야기가 아니다. 직장, 학교, 집에서 시간을 보낼 때 자신도 모르는 사이에 중얼거리는 혼잣말이 '뇌의 상태', 즉 마음의 상태를 나타낸다는 사실을 깨닫지 못하는 사람이 많다. 평소부터 셀프 토크에 주의를 기울이면 지금 자신의 마음이 어떤 상태인지 명확히 알 수 있다.

《《《《《《《《《《《《《
'셀프 토크'로 자신의 '생각 버릇'을 점검해보자

만약 자신이 부정적인 말을 많이 하고 있음을 깨달았다면 여러분의 뇌는 부정적으로 되어 있다는 의미이다. 긍정적인 셀프 토크로 바꿔보자. 거짓말이라도 상관없다. 아니, 거짓말을 하는 것이 중요하다. 거짓된 긍정적 정보를 입력함으로써 편도핵이 판단을 바꿔 뇌가 긍정적으로 전환된다. 그 결과 발휘 능력이 높아져 좋은 결과나 성과로 이어지는 것이다.

인간의 뇌는 자신이 품은 이미지를 실현하려는 방향으로 작용한다. 부정적인 말만 한다는 것은 평소의 사고 습관이 그렇기 때문이라고 말할 수 있다. 부정적인 뇌가 하는 말로는 "귀찮아." "하고 싶지 않아." "따분해." "운이 없네." "최악이야." 등이 있다. 반대로 긍정적인 뇌는 "좀 더 하고 싶어." "해보겠어!" "재미있네." "운이 좋네." "최고야." 등 부정적인 뇌와는 반대의 말을 많이 한다. 뇌가 긍정적으로 생각하고 있는 것이다.

이런 사실에 따라 거짓 정보로 뇌를 바꿔보자. 여기에서 말하는 거짓은 긍정적인 셀프 토크를 의미한다. 예컨대 원치 않는 상황에 맞닥뜨렸을 때 솔직하게 말한다면 "마음에 안 드네." "이 상황에서 도망치고 싶어." 같은 셀프 토크가 나올 것이다. 그럴 때 "이건 위기를 극복하기 위한 절호의 기회야." "나는 정말 운이 좋아."라고 자신에게 말해보기 바란다.

이것은 어떤 상황에서든 마찬가지다. 아침에 눈을 떴는데 회사 또는 학교에 가기 싫다거나 훈련을 하러 가기 싫을 때 솔직하게 말한다면 "○○하기 싫어……."라는 셀프 토크가 나오게 마련이다. 그 대신 "좋아. 신나게 즐기고 오자." "오늘은 내 기술을 향상시키러 가자." 같은 긍정적인 말을 하면 틀림없이 부정적인 뇌에서 긍정적인 뇌로 전환될 것이다.

부정적인 상황이 찾아오면 대부분의 경우 뇌는 눈앞의 상황대로 생각하게 된다. 이것은 지극히 자연스러운 일이다. 그렇기에 더더욱 뇌가 긍정적으로 되는 말, 바꿔 말하면 거짓된 긍정적 셀프 토크를 준비해 두는 것이 중요하다. 그 거짓말에 속아 넘어가 긍정적인 뇌로 바뀌어갈 것이다.

<<<<<<<<<<<<<<<
동경하는 마음은 승부를 포기하는 것이나 다름없다

"동경하기를 멈춥시다."

2023년 3월 22일 제5회 월드 베이스볼 클래식wBC의 결승전을 앞두고 오타니 선수는 클럽하우스에서 선수들에게 이렇게 말했다.

"1루의 폴 골드슈미트(세인트루이스 카디널스)라든가 외야의 마이크 트라웃(LA 에인절스)과 무키 베츠(LA 다저스)라든가 야구를 하는 사람이라면 누구나 들어본 적이 있는 선수들입니다. 하지만 그들을 동경해버리면 뛰어넘을 수 없다고 생각합니다. 우리는 그들을 뛰어넘기 위해, 최고가 되기 위해 (미국에) 왔습니다. 그러니 오늘 하루만큼은 그들에 대한 동경심을 버리고 이길 생각만 합시다!"

오타니 선수가 미국 야구를 존중하는 것은 평소의 발언에서도 충분히 알 수 있다.

"훌륭한 선수들의 라인업을 보고 있기만 해도 자신감이 흔들릴 때가 많습니다."

일본이 세 번째 월드 베이스볼 클래식WBC 우승을 차지한 뒤의 기자회견에서 오타니 선수는 자신의 본심을 솔직하게 털어놓았다.

동경하는 눈으로 바라봐서는 절대로 이길 수 없다. 이것은 정론이다. 대등한 처지가 아니라 아래에서 우러러보는 처지가 되기 때문이다. '동경'은 부정적 사고와 동등한 의미를 지닌 말인 것이다. 나는 프로 선수를 대상으로 슈퍼 브레인 트레이닝SBT을 지도할 때면 반드시 "현역 선수를 존경하지 마시오."라고 말한다. 같은 무대에서 싸우는 라이벌이 될 가능성이 있기 때문이다. 뇌는 단순히 존경할 뿐이지만 최고 수준의 무대에서 승패를 겨루는 프로의 세계에서는 그것만으로도 상대를 뛰어넘지 못하게 된다.

오타니 선수는 일본 선수들의 모습에서 메이저리그 선수들을 우러러보고 있다고 느꼈을 것이다. 그 상태로 경기에서 들어가 '득점을 허용해도 어쩔 수 없어.' '점수를 내지 못하는 건 당연한 일이야.'라는 마음으로 플레이하면 설령 일방적인 대패를 당한다 해도 전혀 이상하지 않다. 그런 만큼 "동경하기를 멈춥시다."라는 오타니 선수의 연설은 매우 훌륭한 선택이었다고 할 수 있다.

보디랭귀지로 마이너스를 플러스로 전환하라

두 번째로 소개할 것은 보디랭귀지다. 가령 야구에서 홈런을 쳤을 때 베이스를 돌면서 무의식중에 팔을 들어 올리고 주먹을 불끈 쥘 때가 있다. 반대로 홈런을 맞은 투수는 "젠장, 얻어맞았네."라고 말하는 것 같은 쓸쓸한 표정을 짓거나 고개를 푹 숙이는 등 실망한 모습을 보이기도 한다. 이처럼 우리의 표정, 몸짓, 자세는 마음의 상태를 그대로 나타낸다. 이것을 보디랭귀지라고 한다.

주의할 점은 어떤 경기든 간에 선수가 그라운드에서 하는 보디랭귀지는 모두가 본다는 사실이다. 앞에서 든 예의 경우 홈런을 맞은 투수가 침울한 모습을 보이면 상대 팀은 '상대 투수가 심리적으로 큰 타격을 받았구나. 좋아, 오늘 경기는 우리가 이겼어.'라고 생각하게 마련이다. 그러므로 상대에게 '우리가 유리해졌어.'라는 인식을 주지 않기 위해서라도 지금부터 이야기하는 두 가지를 실천할 필요가 있다.

첫째는 '팀원의 보디랭귀지 습관을 알아두는 것'이 좋다. 팀원이 침울해졌을 때 어떤 행동을 하는지 습관을 알아두면 그 습관이 보였을 때 타임을 요청하고 다가가 "지금 건 잊어버려. 그리고 다음에 갚아주자."라고 말해 줄 수도 있을 것이며 멀리 떨어져 있더라도 "괜찮아. 신경 쓰지 마!"라고 큰 소리로 격려해 줄 수 있기 때문이다. 이것은 스포츠뿐만 아니라 비즈니스든 입시든 마찬가지다. 상사는 부하 직원, 교사는 제자가 침울해졌을 때의 보디랭귀지 습관을 알아두면 격려하거나 용기를 줄 수도 있다. 목표 달성으로 이끄는 최고의 지원자가 될 수 있는 것이다.

둘째는 실수를 저지른 본인이 "괜찮아, 괜찮아."라고 소리 내어 말함으로써 부정적으로 되려 하는 뇌를 전환하는 것이다. 이때 주먹을 불끈 쥐거나 둘째손가락을 세우고 "다음에는 더 잘할 수 있어!"라고 자기 암시를 건다. 이것을 매일의 업무, 공부, 훈련 속에서 반복하면 뇌가 자연스럽게 "괜찮아, 괜찮아."라고 반응하게 된다.

이렇게 해서 보디랭귀지를 갈고닦으면 어떤 위기 상황이 찾아오더라도 자신의 뇌가 알아서 긍정적으로 전환된다.

《《《《《《《《《《《《《《《
포즈 + 성공한 이미지를 통해 자기 암시를 걸자

2004년 여름에 전국 제패를 달성한 도마코마이 고등학교의 '넘버원 포즈'는 당시 큰 화제가 됐다. 둘째손가락을 높게 세운 채 팔을 들어 올리는 이 포즈는 선수 전원이 결정한 목표를 달성하겠다는 결의를 나타내는 보디랭귀지였다. 이것이 둘째손가락을 세워서 하늘을 가리키는 넘버원 포즈의 기원이다.

위기를 맞이했을 때 선수들이 마운드에 모여서는 함께 넘버원 포즈를 취한다. 손가락이 가리키는 곳에는 하늘이 있다. 하늘은 전

'넘버원 포즈'를 보여주는 필자(제공: 주식회사 산리)

국 제패, 나아가 멀리 떨어진 북쪽의 대지 홋카이도와 이어져 있다. '우승의 기쁨을 홋카이도의 모든 사람과 공유하고 싶다.'라는 마음도 담겨 있었다.

그들은 위기에 몰려도 위축되기는커녕 내로라하는 강호들과 당당하게 맞서 나갔다. 3회전에서는 니혼대학교 제3고등학교, 8강전에서는 요코하마 고등학교, 결승전에서는 같은 해 봄에 센파츠에서 우승한 에히메현의 사이비 고등학교 등 과거 고시엔에서 우승했던 학교들을 차례차례 격파한 것은 결코 우연이 아니었다.

선수들에게 넘버원 포즈를 취하면 자동으로 마음이 전환되도록 조건화를 했다. 그것은 '목표를 달성한 모습, 목표를 달성하고 기뻐하는 모습을 상상하는 것'이다. 이 조건화는 긴장을 푼 상태에서 해야 한다. 그래서 복식 호흡을 통해 몸과 마음의 긴장을 풀어 차분해진 상태에서 하도록 지도했다. 이렇게 해서 그들은 경기 중에 어떤 위기가 찾아오더라도 넘버원 포즈를 취함으로써 '우리는 반드시 이길 수 있어.'라는 의식을 불러일으켰다. 그들의 표정에서는 위기에 빠졌을 때도 '괜찮아. 지금이 우리의 실력을 보여줄 기회다.'라며 오히려 위기를 즐기는 모습조차 엿보였다.

그들에게 매일 하는 훈련 속에서 넘버원 포즈를 실천하도록 지도했다. '포즈를 통한 자기 암시'를 하루에 5회는 하게 함으로써 포즈에 의식을 조건화했다. 또한 '성공한 모습의 이미지'를 가미해 '포즈+성공한 모습의 이미지'를 통해 자기 암시를 걸자 효과는 더욱 높아졌다. 그런 만큼 넘버원 포즈는 엄청난 힘을 발휘했다고 단언할 수 있다.

《《《《《《《《《《《《《《《

멘탈 리허설로 목표 달성의 이미지를 그려라

마지막으로 소개할 것은 '이미지'다.

이미지를 이용한 트레이닝으로서 대표적인 것은 프로야구 선수나 프로 골퍼가 실천하는 일명 '멘탈 리허설'이다. 스포츠 심리학의 실험에서도 초보자가 무작정 연습하는 경우와 멘탈 리허설을 하면서 연습하는 경우를 비교하면 후자의 실력 향상 속도가 명백히 빠르다는 사실이 실증됐다. 이상적인 자세를 머릿속에 각인하고 그 이미지를 반복적으로 실행하면 몸은 이미지대로 움직이게 된다. 경기력을 높이기 위해서는 이상적인 이미지를 입력하는 것이 중요하다는 말이다.

실전 멘탈 리허설에 관해서는 「최강 멘탈 수업 4」에서 이야기하기로 하고 여기에서는 목표를 달성하기 위한 이미지화 방법을 소개하겠다. 아무리 훌륭한 목표를 세웠더라도 평소에는 의식하지 못할 때도 있으며 잊어버리는 사람도 많다. 아니, 그런 사람이 대부분이다. 그래서는 기껏 세운 목표도 무의미한 몽상으로 끝나버린다. 또한 성공 체험을 많이 한 선수는 '이 목표는 달성할 수 있어.'라고 이미지를 그릴 수 있다. 하지만 그렇지 않은 선수는 '무리야. 절대 달성 못 해.'라고 포기하기 쉽다. 그럼에도 목표를 달성하려면 어떻게 해야 할까? '자신 이외의 누군가를 위해' 목표를 달성한다는 '사명감'을 가져야 한다.

앞서 도마코마이 고등학교의 일화에서 소개했던 목표를 초월한 '목적'을 뇌에 강렬하게 입력해야 하는 것이다. '홋카이도의 사람들에게 기쁨을 주고 싶다.' '가족이 행복하게 웃을 수 있도록' 같은 식으로 '주위 사람들에게 활력을 준다.'라는 목적이 있다면 사명감을 가질 수 있게 될 것이다.

혼자의 힘만으로 목표를 달성하는 것은 쉬운 일이 아니다. 그럴 때 누군가가 기뻐해 주는 모습을 상상한다면 열심히 노력하기 위한 힘이 되어줄 것이다.

«««««««««««
마음속 자문자답을 반복해 능력을 향상시킨다

그라운드 위 오타니 선수의 위풍당당한 모습을 보고 '멘탈이 강하구나.'라고 생각하는 사람은 있어도 '멘탈이 약해 보이네.'라고 생각하는 사람은 없을 것이다. 그리고 '어떻게 메이저리그라는 큰 무대에서 저런 엄청난 경기력을 보여줄 수 있는 걸까?'라고 신기하게 여기는 사람도 있을지 모른다.

나는 그가 평소 훈련할 때부터 멘탈 리허설을 한다는 사실에 주목하고 있다. 오타니 선수는 훈련을 정말로 좋아한다.

"항상 계기를 추구하며 훈련하는 측면은 있습니다. 번뜩이는 영감이라고 할까, 이런 식으로 던져보자, 이런 식으로 쳐보자는 아이디어가 갑자기 떠오르거든요. 해봤는데 아무것도 느껴지지 않았다면 어쩔 수 없지만 계속해 보니 더 좋은 아이디어가 떠오르는 경우도 있습니다. 끊임없이 그런 아이디어를 추구하고 있지요. 그 결과 변화하게 되면 순식간에 발전할 수 있기에 그런 계기를 중요하게 여기며 훈련하고 있습니다."

이 발언에서도 평소에 멘탈 리허설을 생각하며 훈련에 임하는 모습을 엿볼 수 있다. 또한 오타니 선수의 다른 발언에서는 이것이 더욱 명확히 드러난다.

"저는 의미 없는 경기나 의미 없는 훈련은 없다고 생각합니다. 몇 년을 열심히 해도 결과가 나오지 않는 훈련 방식 또한 분명히

최강 멘탈 수업 3_성공하는 데 반드시 필요한 뇌 활용 방법 **131**

있기는 하지만 그것이 실패임을 깨닫고 다른 훈련에 몰두하면 거기에서 한 가지 발견을 하게 되고 그것이 점점 성공으로 이어지지요. 그래서 개인적으로는 아직 성공했다고 생각하지 않고 성공과 실패를 반복하는 단계라고 생각하고 있습니다."

내가 존경하는 발명왕 토머스 에디슨은 백열전구를 발명하기 위한 연구가 실패를 거듭하면서도 "나는 실패한 적이 없다. 좋지 않은 방법을 1만 가지 찾아냈을 뿐이다."라고 말했다. 오타니 선수는 에디슨과 같은 이야기를 한 것이다.

오타니 선수가 마음속 깊은 곳에서 자문자답을 반복하면서 자신의 능력을 향상시켜 왔음은 틀림이 없다.

"지금의 내게는 무엇이 부족하다고 생각하는가?"

"지금의 내게 필요한 훈련은 무엇일까?"

"그 훈련이 효과를 발휘하기까지 어느 정도의 기간이 필요할까?"

2023년에 일본인 선수로는 최초로 메이저리그 홈런왕이 됐다. 하지만 그럼에도 '이 정도면 충분해.'라고 만족하는 모습은 보이지 않는다. 오히려 '아직 기술적으로 더 발전할 수 있지 않을까?'라는 생각마저 하고 있다. 아마도 이것이 오타니 선수가 메이저리그에서 진화를 거듭하고 있는 이유일 것이다.

목표를 세우고 필요한 행동을 끈기 있게 한다

: 게이오 고등학교 야구부는 107년 만에 고시엔에서 우승했다

2023년 여름의 고시엔에서 게이오 고등학교 야구부가 우승을 차지하자 "고등학교 야구에 새로운 바람을 불러일으켰다"며 큰 화제가 됐다. 팀이 표방했던 '엔조이 베이스볼Enjoy Baseball'은 '편하게 이기려고 한다.'로 곡해되기도 했다. 그 진정한 의미는 '단순히 자유롭게 플레이하는 것이 아니라 고생하고 시행착오를 거듭하며 정답을 찾아낸다.'는 것이었다.

학원 스포츠의 멘탈 트레이닝을 지도할 때는 장기 목표와 단기 목표를 만드는 작업을 한다. '팀이 지향하는 장기·단기 목표'와 '선수 개인이 지향하는 장기·단기 목표'는 각각 다르게 설정된다. 가령 고교야구팀을 지도하러 가면 팀의 목표는 '고시엔 진출'이 된다. 물론 '전국 제패'라는 더 높은 목표를 설정해도 무방하다. 어떤 목표를 세우든 '그 목표를 위해 지금 팀 전체가 무엇을 해야 하는가?' '누구에게 기쁨을 주기 위해 그 목표를 달성하려 하는가?'에 관해서도 이야기를 나누게 한다.

팀이 설정한 목표를 몽상으로 끝내지 않기 위해서도 팀 차원에서 통일된 약속을 정해 놓는 것이 중요하다. 그래야 예상치 못한 사고가 일어나거나 목표를 잃어버릴 것 같을 때 잠시 멈춰서서 지향해야 할 것은 무엇인지 생각함으로써 다시 앞으로 나

아갈 수 있기 때문이다.

한편 개인의 목표가 저마다 다른 것은 지극히 당연한 일이다. '메이저리거가 된다.'는 목표를 세우는 선수도 있을 것이고 '팀에서 주전이 된다.'를 목표로 세우는 선수 또한 있을 것이다. '팀의 매니지먼트 능력을 높인다.'라는 선수도 있을 것이다. 이때 각자가 꿈의 실현을 향해 구체적인 비전을 그리고 그 비전을 실현하기 위한 작은 목표를 설정한 다음 꾸준히 노력을 거듭하는 것이 중요하다. 그런 개개인의 힘을 결집해서 '고시엔 진출' 또는 '전국 제패'를 지향한다. 개인의 목표나 팀의 목표가 클수록 실현을 가로막는 장애물도 높아지지만 구체적인 비전과 어떻게 꾸준히 노력할지만 명확히 한다면 전혀 문제가 되지 않는다.

전국 유수의 엘리트들을 모은 팀을 상대로 고전이 예상될 때 어떻게 해야 팀 전력의 격차를 메울 수 있을까? 그것은 개인의 힘을 얼마나 높일 수 있는지와 개개인의 힘을 결집해 팀의 힘을 얼마나 높일 수 있는지에 달려 있다. 2023년 여름 고시엔에서 우승한 게이오 고등학교가 그 좋은 예다. 게이오 고등학교는 언제 패해서 탈락하더라도 이상하지 않을 만큼 연달아서 강호들을 상대했다. 가나가와현 대회에서는 준결승전에서 도카이 대학교 부속 사가미 고등학교, 결승전에서 요코하마 고등학교, 고시엔에 진출해서는 3회전에서 고료 고등학교, 8강전에서 오키나와쇼가쿠 고등학교, 결승전에서 센다이이쿠에이 고등학교 등 고시엔에서 우승한 경험이 있는 강호들을 잇달아 만났다. 그런 강호들을 차례차례 격파하고 우승할 수 있었던 것은 팀 혹은 개인이 세운 목표를 달성하기 위해 필요한 행동을 끈기 있게 계속한 결과 중요한 순간에서 힘을 최대한으로 발휘할 수 있게 된 덕분이었다.*

　고시엔 우승이라는 멋진 꽃을 활짝 피운 게이오 고등학교의 선수들은 앞으로도 다른 커다란 목표를 설정하고 실현을 위해 매진해 줬으면 한다. 나는 그들이라면 우리가 상상도 못 할 정도의 성과, 고시엔 우승을 능가하는 더욱 멋진 꽃을 피울 수 있으리라고 믿어 의심치 않는다.

---

* 　자세한 지도 내용은 나와 요시오카 신지가 쓴 『게이오 멘탈慶應メンタル』을 참조하기를 바란다.

최강 멘탈 수업 **4**

무념무상의 상태를 만드는 기 컨트롤 방법

Ohtani Shohei

1. 기 에너지 활용

《《《《《《《《《《《《《《

어떤 마음 상태인가에 따라 플레이가 달라진다

어떤 스포츠든 최대한의 실력을 발휘한 선수가 인터뷰에서 "최고의 컨디션이었습니다." "잡념이 완전히 사라져 무념무상의 상태로 플레이할 수 있었습니다."라고 말하는 것을 종종 듣는다. 반면에 중요한 대회일수록 불안감, 초조함, 긴장감 등에서 평소에는 생각할 수도 없었던 실수를 연달아 하며 본래 지닌 실력의 절반도 보여주지 못하는 선수 또한 자주 보게 된다. 져서는 안 되는 경기일수록 마음이 크게 흐트러진다는 증거이다. '어떻게 해야 해결할 수 있을까?'에 주목하지 않는다면 평생 같은 실패를 반복하게 된다.

이럴 때는 체력 강화나 기술 향상을 위한 훈련에 몰두하는 가운데 어떤 마음가짐으로 경기를 했는지 분석할 필요가 있다.

실제로 우리는 선수들을 대상으로 심리 검사를 해 '최고의 플레이를 할 수 있었을 때 어떤 심리 상태였는가?'를 분석했다. 분석 결과는 다음의 세 가지로 집약됐다.

① 차분한 마음이었다. 냉정했다.
② 설렘으로 가슴이 두근거렸다. 경기를 즐길 여유가 있었다.
③ 질 것 같다는 생각은 들지 않았다. 위기 상황에서도 과감하게 몰아붙일 수 있었다.

사실은 ①~③에 나오는 '냉정' '설렘' '과감'이라는 단어가 키워드다. 마음속에 세 키워드가 동시에 갖춰졌으면 자동으로 최적의 전투 상태에 돌입할 수 있는 것이다. 이 가운데 어느 하나라도 빠져서는 안 된다. 이 세 가지를 동시에 갖추기가 어렵기 때문에 수많은 운동선수가 큰 무대에서 자신의 진짜 실력을 발휘하지 못하고 패하는 것이다.

그렇다면 어떻게 해야 최적의 전투 상태를 만들어낼 수 있을까? 그 답은 '삼기법三氣法'을 익히는 것이다.

《《《《《《《《《《《《《《

몸과 마음은 '기'라고 불리는 에너지를 이용한다

슈퍼 브레인 트레이닝SBT에서 지도하는 삼기법은 동양 의학의 '기'를 참고한 것이다. 이 '기'라는 말은 현장에서도 자주 사용된다. "기합을 넣어." "끈기 있게 계속해." "기죽지 말고 플레이해." 같은 말들이다. 그런데 지도자에게 어떻게 하면 기합을 넣을 수 있는지, 끈기 있게 계속하려면 어떻게 해야 하는지, 기죽지 않는 방법이 있는지 물어보면 대부분은 대답하지 못한다.

특히 1900년대 중반부터 2000년대 초반까지는 정신주의를 앞세운 지도 방식이 널리 퍼져 있었다. 그러나 당시는 명확한 방법론 없이 그저 선수에게 "기합을 넣어!"라고 다그칠 뿐이었다. 그래서 선수가 다그치는 만큼 성장하지 못하는 일도 많았다. 그런 과거에 대한 반성에서 기술적 요소가 담긴 멘탈 트레이닝이 확립되어 간 것이다.

몸과 마음은 '기'라고 불리는 에너지를 이용해서 움직인다. 기는 반드시 증가하거나 감소한다. 기가 충분하면 만족스러운 상태가 되지만 큰 대회에 출장한 뒤에는 기가 상당히 소모된다. 이 점을 이해하고 마스터해야 할 것이 삼기법이다. 마음의 에너지인 기를 축적한 다음에 사용할 수 있는 상태로 만들기 위해 기를 단련한다. 그리고 기합을 넣어서 기를 다잡는 작업을 하며 마지막으로 단숨에 기를 방출한다.

① 기를 축적한다.
② 기를 단련한다.
③ 기를 다잡다.

이 세 가지의 절차를 확실히 진행하지 않으면 마무리인 '④기를 방출한다.'를 100%의 상태로 할 수 없는 것이다.

삼기법은 '매일 트레이닝'과 '경기를 위한 트레이닝' 등 두 가지로 나눠서 실시한다. 매일의 트레이닝에서는 「최강 멘탈 수업 2」에서 이야기한 보유 능력을 크게 성장시키고 경기를 위한 트레이닝에서는 경기에서 활약할 수 있도록 발휘 능력을 높인다. 두 가지 트레이닝은 의미도 방식도 완전히 다르다.

‹‹‹‹‹‹‹‹‹‹‹‹‹‹‹
기를 충분히 축적하면 실전에서 폭발력을 만들어낸다

어떤 과정을 거쳐서 '기'를 충실히 하는 것일까? 이것을 화산의 마그마에 비유해 보겠다. 마그마는 화산이 분화할 때 필요한 에너지다. 지하에 있는 맨틀이 질척질척하게 녹아 땅속 깊은 곳에서부터 조금씩 상승한다. 그렇게 해서 일단은 화산 아래에 있는 '마그마 웅덩이'에 축적되고 100% 채워졌을 때 단숨에 분출된다. 만약 마그마 웅덩이에 마그마가 40~50%만 채워져 있었다면 설령 분화하더라도 에너지가 부족한 탓에 작은 폭발에 그친다.

'기'도 이와 마찬가지다. 기를 충분히 축적해 마음의 에너지가 100% 채워지지 않으면 실전에서 큰 폭발력을 만들어내지 못한다. 또한 운동선수의 '기'는 그저 축적해 놓는 것만으로는 힘이 되지 않는다. 축적한 기를 단련하고 조여서 최종적으로 단숨에 방출시킨다. 방출하는 장소는 경기를 하는 그라운드다. 앞에서도 이야기했지만 다음의 네 가지 과정을 거칠 때 비로소 큰 힘을 발휘할 수 있다.

① 기를 축적한다(마그마가 쌓인다).
② 기를 단련한다(땅속 깊은 곳에서 상승한다).
③ 기를 다잡는다(마그마 웅덩이에 채워진다).
④ 기를 방출한다(단숨에 폭발한다).

이것은 스포츠에만 적용되는 이야기가 아니다. 비즈니스도, 대규모 프레젠테이션 같은 중요한 업무도, 수험생의 입시도 마찬가지다. 큰 힘을 발휘하는 데 필요한 에너지다.

기를 축적, 단련, 다잡는 순서를 확실히 지켜야 한다

"예전에 멘탈 트레이닝을 한 적이 있는데 별 효과를 못 봤습니다."

이렇게 말하는 사람의 이야기를 들은 적이 있다. 그래서 자세히 들어보니 앞에서 이야기한 '① 기를 축적한다, ② 기를 단련한다.'라는 일련의 과정을 소홀히 한 것이 원인이었다. 20세기까지는 ③ 기를 다잡는 작업만 했다. 그러나 지도자가 아무리 "기합을 넣으라고 했잖아!"라고 호통을 쳐도 '축적하고' '단련하는' 작업이 충분하지 않으면 기가 쪼그라들거나 지나친 긴장 또는 흥분 때문에 실수를 연발하고 만다.

최근에 들어와서는 멘탈 트레이닝을 팀 단위로 하거나 「최강 멘탈 수업 1」에서 소개한 기쿠치 투수처럼 개인적으로 고용해서 하는 선수가 드물지 않게 됐다. 그러나 "충분한 효과를 보지는 못했다."라는 선수도 있었다고 한다. 그런 경우 원인의 대부분은 ①과 ②를 제대로 하지 않은 것이었다.

왜 이런 일이 일어나는 것일까? 그것은 단순히 현장 지도자가 공부를 제대로 하지 않았거나 '옛날에는 이렇게 하면 효과가 있었기 때문에 지금도 계속 그렇게 하고 있다.'라는 언뜻 근거가 있어 보이지만 사실은 전혀 없는 성공 체험에만 의지해서 지도하고 있기 때문이다.

먼저 마음의 에너지를 축적하고 나쁜 스트레스를 없애며 주변

환경 속에서 좋은 바깥 공기를 받아들이는 작업에 힘쓰는 것이 중요하다. 「최강 멘탈 수업 2」에서 뇌의 구조에 관해 이야기했는데 아무리 뇌에 관한 지식을 공부한들 핵심이 되는 멘탈 트레이닝의 순서를 소홀히 해서는 아무런 효과도 얻지 못한다.

다시 한번 말하지만 앞에서 소개한 순서를 확실히 기억해 두길 바란다. 아무리 매일 대단한 훈련을 한들 혹은 근육을 단련시키는 트레이닝을 계속한들 기의 에너지를 방출하는 올바른 방법을 모른다면 여러분이 본래 실력 중 10분의 1, 최악의 경우는 100분의 1밖에 발휘하지 못하고 끝날 수도 있다.

2. 1단계 기 축적

3초 룰로 기분을 전환한다

삼기법의 토대를 만드는 데 필요한 것은 두 가지다. '마음의 에너지를 축적하는 것'과 '나쁜 스트레스를 배제하는 것'이다. 이 사실을 모른 채 멘탈 트레이닝을 하면 전혀 효과를 보지 못한다.

얼마 전까지만 해도 일본의 스포츠계에서는 몸을 위해서 섭취해야 할 영양에 관해서만 열심히 공부할 뿐 기를 충실히 하는 방법, 컨트롤하는 방법, 나아가 왜 기가 저하되었는지에 관해서는 그다지 깊게 공부하려 하지 않았다. 지금도 멘탈 트레이닝이라는 말은 알지만 그것이 대체 무엇이며 어떤 과정을 거쳐서 기를 충실히 하는지 그 노하우를 아는 현장 지도자는 적은 것이 현실이다. 이것은 특정 스포츠에 국한된 이야기가 아니라 대부분의 스포츠에서 보이는 현상이라고 해도 과언이 아니다.

마음이 잡념으로 가득해 에너지가 고갈되어버린 상태일 때 기를 축적하는 데 필요한 것은 망각이다. 나쁜 기억을 계속 남겨둬서는 안 된다. 그리고 이때 '3초 규칙'이 효과적이다. 긍정적인 말, 긍정적인 동작, 긍정적인 이미지를 사용해 단번에 기분을 전환한다. 이것은 단체 스포츠뿐만 아니라 개인 스포츠 선수에게도 끊임없이 하는 이야기다.

이 방법의 효과를 더욱더 높이기 위해 손가락을 딱 하고 튀기며 "오케이. 다음 플레이에 집중하자."라고 중얼거려 보는 것도 좋다. 나쁜 스트레스를 배제하려면 일단 '잊어버리는 것'이 중요하다. 손가락을 '딱!' 하고 튀김으로써 머릿속을 전환하고 "오케이. 다음 플레이에 집중하자."라고 중얼거림으로써 그때까지의 부정적인 기억을 머릿속에서 지워버린다.

내가 이전에 『불쾌한 기분은 3초면 지울 수 있다!』(현대서림 간행)라는 책을 냈던 것은 좋지 않은 일의 기억을 계속 남겨두는 바람에 본래의 힘을 발휘하지 못하고 있는 사람이 많아서였다. 비즈니스나 시험이라면 하루를 망치더라도 다음날부터 다시 열심히 하면 되겠지만 스포츠는 그것이 경기의 결과를 결정해버린다.

'부정적인 것은 3초 안에 다른 것으로 덮어씌운다.' 이것을 철저히 실천하면 나쁜 스트레스를 배제할 수 있게 된다.

<<<<<<<<<<<<<<<

긴장을 풀 수 있는 말을 떠올린다

경기 중에 실수를 저지르면 '아, 젠장!' '이거 큰일 났네. 어떡하지?' 같은 부정적인 감정이 솟아나게 마련이다. 그러나 다음 플레이를 하기 전까지 그 감정을 머릿속에서 지워버리지 않으면 다음 플레이에 집중하지 못해 같은 실수를 반복하게 될 수 있다.

부정적인 감정을 지우는 방법을 우리는 '클리어링 프로세스'라고 부른다. 「칼럼 1」에서 소개한 구와타 투수는 슈퍼 브레인 트레이닝SBT의 지도를 받고 크게 변화한 선수 중 한 명이다. 현역 시절의 구와타 투수는 마운드에서 종종 무엇인가를 중얼거렸는데 "오케이. 괜찮아. 다음 타자는 반드시 잡아낼 수 있어."라고 긍정적인 혼잣말을 하게 됐다. 또한 동료 야수가 실책을 저지른 뒤에도 절대 당황하지 않고 "지금 실책으로 주자가 나갔지만 괜찮아. 다음 타자를 병살로 잡아낼 테니 걱정할 필요 없어."라고 중얼거렸다.

구와타 투수의 클리어링 프로세스는 어디까지나 하나의 예일 뿐이다. 여러분도 위기에 빠졌을 때나 나쁜 흐름에 휩쓸릴 것 같을 때를 대비해 가장 긴장을 풀 수 있는 말을 준비해 보기를 바란다. 동작이나 몸짓도 함께 준비해 놓는다면 금상첨화다. 「최강 멘탈 수업 3」에서 이야기했던 도마코마이 고등학교 같은 넘버원 포즈도 좋다. 실제로 「칼럼 2」에서 이야기한 여자 소프트볼팀에도 도마코마이 고등학교와 같은 지도를 했다. 경기뿐만 아니라 평소 훈련 때부터 하늘을 향해 손가락을 세우며 마음을 하나로 모으는 보디랭귀지를 도입했다. 그 결과 모두의 마음이 하나가 되어 올림픽 금메달을 획득할 수 있었다.

마음의 긴장을 푸는 말을 하거나 동작 또는 포즈를 취해서 이미지를 떠올린다. 그럼으로써 조건화가 강화되면 어떤 상황에서든 몸과 마음이 반응하게 되어 일류 운동선수의 냉정함을 손에 넣을 수 있을 것이다.

《《《《《《《《《《《《《《《
대자연의 기를 받아 재충전한다

3초 규칙을 이용해 '망각'이라는 작업을 한 뒤에 해야 할 일은 '기를 축적하는' 것이다. 이것은 스포츠뿐만 아니라 평소 직장에서 일하는 사람들도 활용할 수 있다.

많은 사람이 경험해 봤을 텐데 피로가 쌓였을 때 기분 전환을 겸해서 산이나 바다에 가면 몸과 마음이 재충전되는 기분이 들면서 '내일부터 다시 열심히 일하자.'라는 마음가짐이 된다. 동양 의학의 세계에서는 이 현상을 대자연의 기를 받아 '기가 축적된' 것이라고 생각한다. 즉 기를 축적하는 작업을 할 때는 자연의 힘이 반드시 필요한 것이다.

'기'가 축적되어 있지 않으면 물과 비료를 주지 않은 작물과 마찬가지로 '마음의 영양'이 부족해지며 아무리 애를 써도 실력의 30~40% 정도밖에 발휘하지 못하게 된다. 실제로 올림픽에서 활약하는 일류 운동선수일지라도 큰 대회를 치른 뒤에 곧바로 강도 높은 훈련을 하거나 새로운 평가전을 치르는 등의 강행군을 연속해서 소화하려 하면 마음의 에너지가 점점 소멸된다. 그 결과 의욕이 솟아나지 않게 되기 때문에 당연히 성적도 떨어진다. 선수에 따라서는 무기력 상태에 빠지거나 '은퇴'라는 두 글자를 떠올리는 경우조차 있을 정도다. 이것을 번아웃이라고 부른다. 이렇게 되는 가장 큰 요인은 '기의 감소'다.

그럴 때는 경기나 훈련을 잊고 자연을 접하면서 여유롭게 시간을 보내는 것이 좋다. 일단 머릿속을 깨끗하게 비우는 것이다. 자연의 '기'를 받으면 기력이 솟아나 '좋아. 다시 한번 열심히 노력하자.'라고 생각하게 될 것이다.

《《《《《《《《《《《《《《《
타희력으로 기를 거대화한다

'기'를 받아들이는 방법의 하나로 '타인의 힘을 이용한다.'라는 것이 있다. 위기에 몰렸을 때 팀원들과 큰 소리로 서로를 격려한다. 파인 플레이가 나오면 동료와 하이파이브를 하며 기쁨을 공유한다. 응원의 함성을 듣고 기운을 낸다. 이런 것들은 '타인에게서

기를 받고 있는' 어엿한 증거다.

타인의 기를 받는 것은 이기고 있을 때만이 아니다. 지고 있을 때도 마찬가지다. 큰 무대에서 실수를 저질러 침울해졌을 때, 라이벌을 이기지 못했을 때, 의욕을 잃어 무기력해졌을 때도 필요하다. 다시 일어서 힘을 낼 수 있도록 도와주는 것은 가족, 친구, 연인 등의 격려다. 그들의 기를 받음으로써 침울해졌던 마음에 다시 일어서자는 힘찬 '기'의 힘이 싹트기 시작하는 것이다.

또한 '감동하는 힘'을 활용해 기를 거대화하는 방법을 추천한다. 슈퍼 브레인 트레이닝SBT의 프로그램에는 '지금까지 자신을 지원해줬던 사람을 찾아가 감사의 말을 전한다.'라는 항목이 있다. 이를 통해 선수들은 십인십색의 다양한 감동을 경험한다.

'이 사람이 멀리 고향에서 나를 응원해 주었구나.'

'내 활약이 이곳에 있는 모두에게 기쁨을 줄 수 있구나.'

이렇게 보이지 않는 곳에서 응원해 주는 사람들의 존재가 자신이 세운 꿈 목표를 실현하기 위한 동기로 작용하는 것이다.

「칼럼 2」에서 소개한 일본 여자 소프트볼 대표팀이 그 좋은 예다. 그들은 소프트볼 대국인 미국을 물리치고 금메달을 획득하기 위해 '어린 선수들의 꿈을 지켜 준다.'라는 목표를 설정했다. 당시의 에이스였던 우에노 투수는 "누군가를 위해서 던지고 싶습니다."라고 분명하게 말했다.

'타인을 위해서 노력한다.'라는 것은 의욕을 높이는 훌륭한 이유가 되어준다. 또한 감동은 우리의 마음에 커다란 활력을 가져다주

며 상상을 초월할 만큼 거대한 그 에너지는 우리의 마음을 불타오
르게 한다.

3. 2단계 기 단련

미래의 나의 모습을 떠올려본다

삼기법의 2단계는 '기를 단련하는' 것이다. 이때의 포인트는 '이미지를 그리는 것'이다. 일류 운동선수들이 실천하고 있는 방법이다.

평범한 사람은 "자기 이미지를 높게 가지시오."라는 말을 들어도 잘 이해가 안 될지 모른다. 지금까지의 자신을 생각하면 반성해야 할 과거가 너무 많아서 자기 이미지가 쉽게 낮아지기 때문이다. 스포츠로 한정해도 '훈련을 게을리한 자신' '오늘은 여기까지만 하자며 타협해 버린 자신' '경기에서 결정적인 실책을 저질렀다며 침울해진 자신' 등 부정적인 자신을 얼마든지 찾아낼 수 있을 것이다.

그런 모습들을 떠올리면 '어차피 나는 이 정도의 실력밖에 안 돼.'라는 생각이 들면서 자기 이미지가 낮아져 버리는 것이다.

그럴 때는 생각을 바꿔서 높은 자기 이미지를 그려보자. 높은 자기 이미지란 '미래의 자기 모습'이다. 괴롭고 힘든 훈련과 내팽개치고 싶은 마음을 극복하고 꿈 또는 목표를 실현한 자신의 모습을 떠올리는 것이다.

「칼럼 1」에서 소개한 구와타 투수는 '부활해서 다시 한번 1군의 마운드에 선 자신'의 모습을 선명하게 그렸다. 그래서 1년 반 동안 '구와타 로드'로 불리는 길이 생길 정도로 꾸준히 러닝을 계속할 수 있었다. '이 정도면 할 만큼 했어.' '이런 괴로움을 더는 겪고 싶지 않아.' 같은 생각을 하는 것은 '미래의 자기 모습'을 그리지 않았기 때문이다. 낮은 자기 이미지밖에 그리지 못하고 있는 사람은 꿈이나 목표를 달성한 미래의 자신을 상상해 보자.

《《《《《《《《《《《《《《

미래의 내가 되어서 현재를 바라본다

'미래의 자기 모습을 예상할 수 있는 것이 아닐까?'

오타니 선수는 그런 생각이 들 정도의 활약을 계속해서 보여주고 있다. 일본 프로야구보다 오히려 수준이 더 높은 메이저리그의 무대에서 더더욱 우리를 깜짝 놀라게 할 정도의 성적을 남기고 있으니 많은 사람이 그렇게 생각하는 것도 무리는 아니다.

　실제로 고등학생 시절의 그를 지도할 때 이런 말을 했다.

　"미래에서 '타임머신'을 타고 온 자신이 현재의 자신에게 무슨 말을 할지 상상해 보면 어떨까?"

　예를 들어 '메이저리거가 된다.'라는 목표가 있다면 '미래에서 온 자신'이 "그렇다면 지금은 체력을 높이는 데 힘써야 해. 근력도 단련해야 하고 필요한 영양소도 충분히 섭취해 줘야 해. 기술 말고도 단련해야 할 것이 많아."라고 조언해 주는 모습을 상상함으로써 '지금의 자신'이 그 목표를 향해 끊임없이 노력하게 하는 것이다. 물론 어디까지나 상상의 영역일 뿐이지만 이것을 실천했기에 오타니 선수가 지금의 자신을 확립할 수 있었지 않았을까.

　2023년에 개최된 월드 베이스볼 클래식WBC에서 일본 대표팀의 동료였던 곤도 겐스케 선수(소프트뱅크 호크스)는 닛폰햄 시절의 동료였던 오타니 선수와 식사할 때 다른 조미료 없이 소금만 뿌린 파스타를 먹는 모습을 보고 '나는 저렇게까지 금욕적으로 될 자신이 없어.'라고 생각했다는 이야기를 한 바 있다. 그러나 오타니 선수는 '내게는 이것이 최선'이라고 판단했기에 그런 파스타를 먹었던 것이다. 이 또한 타임머신을 타고 찾아온 미래의 자신이 "그건 지금의 네 몸에 필요한 음식일까? 불필요한 음식은 미래의 자신에게 마이너스가 될 뿐이야."라고 말하는 모습을 상상할 수 있었기에 가능한 일이다.

　타임머신을 타고 찾아온 자신의 목소리를 듣는 것도 '미래의 자신의 모습을 그리는' 아주 좋은 방법이다.

피크 퍼포먼스의 이미지를 갖고 행동한다

눈앞의 상황만을 생각하면 아무래도 괴로운 이미지만이 떠오르게 마련이다. '훈련이 너무 힘들어. 이제 그만하고 싶어……'라거나 아침에 눈을 떴을 때 '오늘도 괴로운 훈련을 해야 하는구나.'라는 생각밖에 들지 않는다면 몸이 천근만근이 되고 훈련장으로 향하는 동안도 우울하게 느껴질 것이다.

그러나 훈련의 목적을 진심으로 이해하면 괴로움 이상의 보람이 생겨난다. 평소에 "훈련이 싫어."라고 공공연히 말하는 사람은 훈련 자체가 괴롭다기보다 그 본질적인 의미를 이해하지 못했기 때문에 그렇게 생각하는 것이다. 그래서 중요한 것이 '자신에게 말 건네기'다. 오타니 선수처럼 타임머신을 타고 온 미래의 자신을 떠올리며 "미래에는 이러이러한 체력과 기술이 필요하니까 지금 이 훈련을 열심히 하는 게 중요해."라고 자신에게 말을 건네는 것이다. 목적이 없는 훈련을 그저 시키니까 한다고 느끼며 훈련하는 것과 목적을 갖고 훈련에 몰두하는 것은 결국 큰 차이를 낳는다.

또 한 가지 방법은 '피크 퍼포먼스Peak Performance를 보여주는 자신의 모습'을 떠올리는 것이다. 머릿속에서 이상적인 몸의 움직임이나 이상적인 플레이를 떠올리며 훈련에 임한다. 기술을 높이기 위해 달성해야 할 목표와 그것을 달성한 자신의 모습도 떠올리면서 훈련하면 기술의 향상은 현실이 된다.

우리는 이렇게 피크 퍼포먼스의 이미지를 뇌에 각인하는 트레이닝을 '멘탈 리허설'이라고 부른다. 멘탈 리허설을 하는 것과 하지 않는 것은 평소의 훈련에서 얻을 수 있는 효과와 경기에서의 발휘 능력을 크게 좌우한다. 또한 오타니 선수뿐만 아니라 모든 운동선수, 나아가 현재 발전 과정에 있는 초등학생, 중학생, 고등학생, 대학생에 이르기까지 모든 세대에 효과를 발휘한다. 그러므로 '이미지를 갖고 훈련하는 의미'를 이해하고 평소에 훈련에 몰두한다면 틀림없이 체력과 기술 모두 향상될 것이다.

<<<<<<<<<<<<<<<<
두 가지 멘탈 리허설을 한다

'멘탈 리허설'은 기를 단련한다는 의미에서 가장 중요한 작업이다. 이것을 아느냐 모르느냐에 따라 그 후에 발휘할 수 있는 경기력이 크게 달라진다. 실전 경기력으로 직결되는 두 가지 멘탈 리허설이 있다. 기술적인 과제를 갖고 하는 이미지화와 실전 이미지화다.

첫째, 기술 과제를 갖고 하는 이미지화는 자신이 과제로 삼고 있는 점에 대해 이상적으로 여기는 움직임을 떠올리면서 수정하고 머릿속에 각인하는 것이다. 가령 야구 선수라면 내 스윙이 몸쪽 공을 칠 수 없는 궤도라면 모범이 되는 타자의 스윙을 떠올리면서 수정을 꾀한다. 또는 정확한 송구에 어려움을 겪고 있다면 모범이 되는 선수가 공을 포구해서 던지는 일련의 동작을 떠올리면서 그것을 자신의 기술로 바꾸기 위해 훈련한다. 이때 명심해야 할 점은 '이미지는 이론이 아니다.'라는 것이다. '이렇게 움직여야 해.'라는 이상한 집착을 가질 필요는 없다. 이를테면 '팽이를 회전시킨다.'라든가 '치타의 탄력적인 움직임을 참고한다.' 같은 자유로운 발상으로 이미지를 그리는 것이 중요하다.

둘째, 실전 이미지화는 스포츠를 예로 들면 '멘탈 리허설을 통해서 최고의 경기를 경험하고 성공을 확신한 다음 실전에 임하는' 작업이다. 이때 관중석의 모습, 그라운드의 분위기, 상대 팀의 모습 등을 최대한 현실적으로 상상하는 것이 중요하다. 경기 전의 긴장감, 경기 중의 위기에 빠졌을 때의 낭패감, 기회를 놓쳤을 때의 실망감 등 다양한 감정이 엄습하게 된다. 그런 감정들도 경기에서의 이미지화로 극복해내는 자신의 모습을 상상해보기 바란다.

어떤 상황에서도 흔들리지 않고 항상 설렘과 두근거림을 갖고 그 장소를 이끄는 자신의 모습을 상상할 수 있다면 아무리 큰 무대라 해도 겁먹지 않고 당당하게 상대와 맞설 수 있을 것이다.

4. 3단계 기 다잡기

사이킹업으로 최고의 멘탈을 만든다

삼기법의 마무리는 경기에서 100%의 실력을 발휘하기 위한 '기를 다잡는' 작업이다. 지금까지 앞에서 이야기한 세 가지 마음인 냉정, 설렘, 과감에 대해 1단계인 '기를 축적하는' 작업으로 냉정한 마음을 만들었고 2단계인 '기를 단련하는' 작업을 통해 미래의 자신의 모습을 상상했다. 3단계인 '기를 다잡는' 작업을 통해 100%의 실력을 발휘할 수 있게 하는 '과감함'을 추가하는 것이다.

슈퍼 브레인 트레이닝SBT에서는 경기를 앞두고 마음을 과감하게 만드는 작업을 사이킹업이라고 부른다. 바꿔 말하면 '마음의 준비를 하는' 작업이다. 이것은 사실 오래전부터 일본의 스포츠 현장에서 지도자들이 해왔던 것이기도 하다. 학창 시절에 스포츠를 경험한 사람이라면 "기합을 넣어!" "근성을 보여!" "이 상황을 극복하는 거야!" 같은 말을 지도자에게 수없이 들었을 것이다. 그러나 '기를 다잡는' 것만을 지도하고 삼기법의 다른 두 가지(기를 축적하기와 기를 단련하기)는 지도하지 않는 현장 지도자가 많았기 때문에 실전에서 실수를 연발하거나 미래의 자기 모습을 상상하지 못한 탓에 '재미없어.'라고 느끼고 그 스포츠로부터 멀어져 간 선수가 많았다.

사이킹업의 방법은 다음과 같다.

① 경기 시작 전 둥글게 둘러서서 큰 소리로 기합을 넣는다.
② 가슴, 팔, 넓적다리 등을 힘차게 두드리며 기를 다잡는다.
③ 단거리를 몇 차례 전력질주해 심박수를 높여 기를 다잡는다.
④ 팀원끼리 몸을 부딪쳐서 흥분감을 높여 기를 다잡는다.

방법은 어떤 스포츠냐에 따라 달라진다. 가령 긴장을 풀고 조용히 집중해야 하는 스포츠라면 음악을 들어서 기분을 고양시킨 다음 경기장으로 향한다.

최고의 전투 상태를 만드는 방법은 한 가지가 아니다. "이것이 정답이다."라는 것은 없음을 기억해 두기를 바란다.

복식 호흡법으로 기를 제어한다

운동선수뿐만 아니라 모든 사람은 에너지가 부족해지면 기운 또는 활기를 잃는다. 어떤 목표, 어떤 꿈을 가졌든 그것을 실현하려는 의욕을 잃고 만다.

그렇다면 어떻게 해야 기를 축적할 수 있을까? 그 첫걸음은 '망각'이다. 실전에서 실수를 저질렀던 이미지가 계속 남아 있으면 다음 경기를 설레는 마음으로 준비할 수도 없게 되고 '좋아. 내 실력을 보여주겠어!'라며 투쟁심이 끓어오르지도 않게 된다. 잡념이 계속 남아 있으면 새로운 마음으로 다음 경기에 임할 수가 없는 것이다.

그래서 삼기법의 1단계에서는 '긴장 이완(망각)'을 실행한다. 슈퍼 브레인 트레이닝SBT에서는 이완 효과를 높이는 복식 호흡법을 도입했다. 복식 호흡법의 가장 큰 포인트는 요령을 터득하면 언제 어디서나 할 수 있다는 것이다.

코로 공기를 들이마신 다음에 입으로 조금씩 숨을 내쉰다. 횡격막을 내려서 배를 부풀리고 단전(배꼽으로부터 10센티미터 정도 아래의 하복부)에 공기를 모은다는 이미지로 숨을 들이마신다. 내쉴 때는 배를 집어넣으면서 천천히 길게 내쉰다. 익숙해지기 전에는 '4초 동안 들이마시고 8초 동안 내쉰다.'를 의식하면서 실천하면 좋을 것이다.

스트레스를 없애서 몸과 마음을 모두 이완시키려면 복식호흡이 필요하다. 경기 중에도 마찬가지다. 위기가 찾아왔을 때 '이거 큰일 인데.'라는 생각이 들면서 머릿속이 불쾌해지면 호흡도 얕고 빨라 진다. 이럴 경우는 '① 가볍게 숨을 내쉰다, ② 2초 동안 숨을 들이 마신다, ③ 3초 동안 숨을 멈춘다, ④ 약 15초에 걸쳐 천천히 숨을 내쉰다'를 3회 반복해 보기 바란다.

이때 자기 암시를 걸어보는 것도 좋다. 숨을 들이마실 때는 '좋은 것을 받아들이는 이미지'를 떠올리고 숨을 내쉴 때는 '나쁜 것이 배출되는 이미지'를 떠올리는 것이다. 이렇게 하면 몸속에서 불쾌 한 감정이 빠져나가고 유쾌한 감정이 들어오게 된다.

《《《《《《《《《《《《《《《《
최고로 힘낼 수 있는 뇌를 만든다

훈련에서 지도자가 "기합을 넣어!" "근성을 보여!" "이 상황을 극 복하는 거야!"라고 말했을 때 대부분의 선수는 실제로 그렇게 느 끼게 마련이다. 그러나 막상 경기가 시작되어 상황이 불리하게 전 개되면 '질지도 몰라…….' '이거 큰일이네.' '이젠 틀렸어…….'라는 약한 마음이 고개를 들게 되고 어느덧 정신을 차려보면 일방적으 로 지고 있는 경우가 드물지 않다. 그래서 생각해야 할 것이 '최선 의 노력을 할 수 있는 뇌를 만들려면 어떻게 해야 하는가?'이다. 그 방법을 찾아내려면 말, 동작과 표정, 이미지라는 세 가지 사항을 분석할 필요가 있다.

① 최선의 노력을 했을 때의 말	"컨디션 최고야." "내 실력을 보여주겠어." "괜찮아, 걱정할 거 없어."
② 최선의 노력을 하지 못했을 때의 말	"무리야." "이젠 틀렸어." "포기하자."
③ 최선의 노력을 했을 때의 동작이나 표정	주먹을 불끈 쥔다. 얼굴에 웃음이 가득하다. 당당해진다.
④ 최선의 노력을 하지 못했을 때의 동작이나 표정	고개를 푹 숙인다. 시선을 한곳에 두지 못한다. 한숨을 쉰다.
⑤ 최선의 노력을 했을 때의 이미지	환성이 들린다. 모두가 웃으며 기뻐해 준다.
⑥ 최선의 노력을 하지 못했을 때의 이미지	질책받는다. 후회를 남긴 자신의 모습이 보인다.

최선의 노력을 했을 때와 그러지 못했을 때의 차이는 이 정도로 크다. 그렇기에 설령 열세에 놓였더라도 '괜찮아. 승부는 지금부터 야.'라고 생각할 수 있느냐 없느냐가 중요하다.

2023년의 월드 베이스볼 클래식WBC 준결승전에서 일본은 멕시코를 상대로 초반부터 리드당하는 전개가 계속됐다. 7회에 일단 동점을 만들었지만 8회에 다시 리드를 허용했을 때는 '이제 힘들 겠구나.'라고 생각한 팬도 많았을 것이다. 그러나 일본 대표팀의 더그아웃은 달랐다. "반드시 역전할 수 있어! 아직 경기는 끝나지 않았어!"라는 분위기가 감돌았다.

9회 말 선두 타자로 타석에 들어선 오타니 선수는 우중간으로 커다란 타구를 날린 뒤 헬멧을 벗어 던지며 전력 질주해 2루 베이스에 도착했다. 그리고 더그아웃을 향해서 호응을 유도하는 몸짓으로 팀의 분위기를 고조시켰다.

일본 대표팀의 역전 승리는 오타니 선수를 비롯한 선수들이 '아직 경기는 끝나지 않았어!'라는 '최선의 노력을 할 수 있는 뇌'를 만들어냈기에 가능했던 것이다.

<<<<<<<<<<<<<<<
무엇이 부족했는지 생각하지 않는다

결정적인 순간에 약하다. 큰 무대에서는 긴장한 나머지 생각처럼 힘을 발휘하지 못한다. 중압감에 약하다. 어째서인지 기회가 위기로 바뀌어버린다. 응원을 힘으로 바꾸지 못한다. 실패를 힘으로 바꾸지 못한다. 열심히 노력했지만 이런 상황이 발생해 부정적인 결과로 끝나버리는 경우가 있다. 그리고 경기에서 졌을 때는 부족했던 점이 다수 노출된다.

'이것도 부족했고 저것도 부족했어. 아, 이것도 아쉬웠어.'

이처럼 찾아내려고 하면 반성할 게 끝도 없이 나오게 마련이다. 이럴 때 '무엇이 부족했는가?'라며 반성하기를 그만둬보자. "네? 그래도 되는 건가요?"라고 놀라는 사람도 있을지 모르지만 그래도 된다. 우수한 비즈니스맨은 다들 반성 따위 하지 않고 즉시 다음에

할 일을 생각한다. 운동선수도 마찬가지다. '이번에는 실패했군. 다음으로 넘어가자.'라고 순식간에 기분을 전환한다. 앞에서 이야기했던 '3초 규칙'이 자연스럽게 몸에 배어 있기에 가능한 일이라고도 말할 수 있다. 그런데 그들은 반성하면 '뇌가 불쾌해진다.'라는 단점이 발생함을 알고 있다. '그렇다면 뇌를 유쾌한 상태로 유지하는 편이 낫지 않아?'라고 생각하기에 의도적으로 반성을 하지 않는 것이다.

살다 보면 누구나 생각했던 결과를 얻지 못하거나 실패를 경험하게 마련이다. 그럴 때마다 일희일비할 필요는 없다. 어떤 결과가 나오든 즉시 '좋았어. 다음으로 넘어가자.'라고 기분을 전환할 수 있느냐가 중요하다.

그런 다음 삼기법을 실천해 경기에 필요한 최소한의 전투 상태를 만든다. 삼기법에서 중요한 것은 '① 기를 축적한다 → ② 기를 단련한다 → ③ 기를 다잡는다'를 순서대로 진행하는 것이다. 어느 하나라도 빼먹거나 순서를 틀리면 효과를 발휘하지 못한다. 이 점만큼은 꼭 기억해 두기를 바란다.

긍정의 기합을 넣으며 집중력을 키운다

"내가 항복할 것 같아? 끝까지 싸워서 반드시 이길 거야!"

"우리가 질 리가 없어. 결국 이기는 건 우리라고."

이런 말을 하면서 기합을 넣는 것을 단순한 근성론이라고 생각하는 사람도 많을지 모른다. 그러나 여기에는 사실 굉장한 의미가 있다. 처음에 '항복' '진다.'라는 부정적인 말을 사용하고 마지막에 '이긴다.'라는 긍정적인 말을 사용함으로써 마음가짐을 전면에 드러내는 효과가 있는 것이다.

일반적인 멘탈 트레이닝에서는 부정적인 말을 일절 사용하지 않는다. 훈련할 때, 경기 전날, 경기 직전 등 단계마다 멘탈 트레이닝 방법을 바꿔서 최선의 심리 상태로 경기에 임할 수 있게 하는 것이 우리의 임무다.

그러나 막상 경기가 시작되면 반드시 이미지대로 경기가 전개되지만은 않는다. 야구, 축구, 배구 같은 단체 스포츠는 기선을 제압해서 유리하게 전개할 수 있겠다 싶었는데 중반에 역전당하며 열세에 놓이고 그 흐름이 종반까지 계속되는 일도 빈번하다. 이럴 때 감정의 진폭을 키워서 강한 마음가짐이 싹틀 수 있도록 지도한다. 이를 가능케 하는 방법이 '부정적인 말로 시작한 뒤 긍정적인 말로 바꾸는' 것이다.

큰 대회일수록 중압감을 느껴 불안감이 커지는 경우가 있다. 그것이 훈련에서는 절대 하지 않았던 실수를 하거나 자신들보다 실력이 위인 상대를 만나면 열세에 놓이는 요인이 된다. 이런 상황에 빠졌을 때 "힘내자." "죽을힘을 다해 보자."라는 말만으로는 효과가 없을 뿐만 아니라 오히려 긴장감이 더 커지게 마련이다. 그 결과 또 다른 실수를 하게 해 더욱 열세에 놓이는 일도 얼마든지 일어날 수 있다. 그럴 때 부정적인 말로 시작한 뒤 긍정적인 말로 바꾸는 방법을 사용해보면 집중력이 가득한 전투 상태를 만들어낼 수 있다.

초등학생이나 중학생의 단계에서는 경기가 열세에 놓이면 아무래도 강한 말만을 하게 된다. 그러면 몸에 지나치게 힘이 들어가기 때문에 좋은 결과를 얻지 못한다. 그보다는 '부정적인 말로 시작한 뒤 긍정적인 말로 전환하는' 방법이 더 효과적이다. '경기가 열세에 놓였을 때 어떤 말을 사용할 것인가?'를 팀의 차원에서 사전에 정해 놓는 것도 효과적인 수단이라고 말할 수 있다. 처음에는 조금 어렵게 느껴질지 모르지만 "상대는 좋은 팀이야. 하지만 결국은 우리가 이길 거야."와 같은 말을 한 가지라도 정해서 훈련해 놓으면 열세에 몰리더라도 팀 전체가 힘을 합쳐서 극복할 힘을 얻을 수 있게 될 것이다.

최강 멘탈 수업 **5**

인생의 중요 무대에서
최강 멘탈 유지 방법

Ohtani Shohei

1. 승부 전 이길 준비하기

‹‹‹‹‹‹‹‹‹‹‹‹‹‹‹
승부하기 전에 결과의 80%가 정해진다

운동선수를 예로 들면서 멘탈 테크닉을 설명하겠다. 비즈니스에
서도 도움이 되는 노하우이니 '경기'를 '큰 무대' '중요한 회의' 등
으로 바꿔서 읽으면 도움이 될 것이다.

경기의 승패는 경기 전의 단계에서 80%가 결정된다. 내가 수많
은 팀과 운동선수를 지켜보고 내린 지론이다. 외부에서 보는 사람
은 분별이 어려울지도 모르는데 선수들이 기합이 들어간 표정을
짓고 있더라도 「최강 멘탈 수업 4」에서 이야기한 '기를 축적하는'
작업과 '기를 단련하는' 작업을 하지 않고 '기를 다잡는' 작업만 하

고 왔다면 상당히 위험하다. 언뜻 투지가 보이는 얼굴이지만 막상 경기가 시작되면 끈질김이 부족하거나 동료가 작은 실수만 저질러도 동요하고 있음이 표정에서 드러나는 등 승부에 약한 모습이 두드러지고 만다. 이와는 반대로 경기 전에는 자신이 없는 듯한 표정을 보이던 선수가 막상 경기에 들어가면 활기차게 움직이며 역동적인 플레이로 팀의 분위기를 띄우기도 한다.

여기에서 생각할 수 있는 사실은 경기 전에 기합을 넣는 사이킹업(기를 다잡는다)만을 해서는 최적의 전투 상태를 만들 수 없다는 것이다. 다시 한번 말하지만 기를 축적하고 단련하는 일련의 과정을 거친 다음 기를 다잡지 않으면 냉정, 설렘, 과감이라는 세 가지 멘탈을 갖춘 최고의 전투 상태를 만들 수 없다.

경기에 임하는 선수의 멘탈은 경기 직전의 라커룸에서 만드는 것이 아니다. 경기 전날까지 어떻게 시간을 보냈느냐가 승부를 결정하는 경우가 많다.

‹‹‹‹‹‹‹‹‹‹‹‹‹‹‹

큰 무대에 설 때 나타나는 마물을 없애라

"고시엔에는 마물魔物이 산다."

일본 고교야구의 팬이라면 한 번쯤은 이 말을 들어봤을 것이다. 시종일관 우세하게 경기를 진행해 온 팀이 마지막 이닝에 갑자기 실책이나 사사구를 연발해 누상에 주자를 채우더니 뼈아픈 홈런을 맞아 경기에서 패한다. 고시엔에서 이따금 볼 수 있는 장면이다. 이럴 때면 사람들은 "고시엔의 마물이 나타났군."이라고 말한다. 그런데 그 '마물'의 정체는 대체 무엇일까? 물어보면 대부분 "으음……." 하고 생각에 잠긴다.

내가 생각하는 '마물의 정체'는 '평소와는 다른 분위기가 만들어 내는 마이너스 이미지'다. 바로 이것이 정답이 아닐까? 가령 올림픽에서 유도 선수가 경기장에 등장했다고 가정하자. 평소의 경기는 유도 관계자들만이 볼 때가 많지만 올림픽쯤 되면 유도와는 전혀 인연이 없는 일반인들도 경기장을 찾아와 성원을 보낸다. 그래서 선수는 '어라? 평소와는 분위기가 다른데?'라고 느끼게 되며 이것이 정신적인 불안감이나 초조함을 유발해 평소라면 생각할 수 없었던 기본적인 실수를 연발하고 만다.

2021년에 열린 도쿄 올림픽을 떠올려 보자. 신종 코로나바이러스의 영향으로 모든 경기가 관중 없이 진행됐다. 일본의 유도 국가대표팀은 금메달 9개, 은메달 2개, 동메달 1개로 합계 12개의 메달을 획득해 언론으로부터 "국기國技 부활의 신호탄을 쏘아 올렸다."라는 찬사를 받았다. 그러나 나는 무관중 경기였던 까닭에 선수들의 중압감이 경감된 영향도 간과할 수 없다고 생각한다. '평소와 같은 분위기'에서 경기할 수 있었기에 평소와는 다른 분위기가 마이너스 이미지를 만들어내지 않아 '마물'도 모습을 드러내지 않던 것이 아닐까?

≪≪≪≪≪≪≪≪≪≪≪
실전에서는 오직 눈앞의 상황에 집중한다

다만 일단 경기에 돌입하면 지금까지 이야기한 삼기법은 사용하지 않는다. 경기 중에는 '눈앞의 상황에만 집중할' 뿐이다.

2023년 봄에 개최된 월드 베이스볼 클래식wbc에서 오타니 선수와 함께 뛰었던 주니치 드래곤즈의 다카하시 히로토 투수는 오타니 선수와 어떤 마음가짐으로 타자를 상대하는지 이야기를 나눴을 때 "내 피칭은 참고하지 않는 편이 좋아. 그저 열심히 스트라이크 존 안으로 던지고 있을 뿐이거든."이라는 말을 들었다고 한다. 경기에 몰입하고 있을 때는 편도핵의 스위치가 '쾌'의 상태에 있으므로 주위에 있는 감독이나 선수들은 아무리 크게 리드하고 있든 혹은 열세에 놓여 있든 동요하지 않고 "할 수 있어. 할 수 있어."라며 분위기를 고무하면 되는 것이다.

그들은 경기 전날까지 삼기법을 올바른 순서로 끝낸 상태다. 화산에 비유하면 마그마가 충분히 채워진 상태이므로 일단 경기가 시작되면 그때부터는 폭발력 있는 플레이를 주문하기만 하면 된다. 그들이 충분히 그럴 수 있는 상태인데 새삼스럽게 "삼기법을 사용하시오." 같은 주문은 할 필요가 없다고 생각한다.

멘탈 트레이닝은 기술과 체력의 향상을 꾀하는 훈련과 함께 그 성과를 높이기 위한 또 하나의 훈련이다. 양치질처럼 매일 빼먹지 않고 하는 것이 중요하다. 굳이 훈련 중에 할 필요도 없다. 그저 일상생활 속에서 하루에 5분 혹은 10분 동안만 해도 경기에서 큰 힘을 발휘한다. 다시 한번 말하지만 아무리 기술을 연마하고 체력을 향상시켜도 마음을 컨트롤하지 못하면 경기에서 승리할 수 없다. 마음을 갈고닦으면 승리할 가능성은 크게 높아진다는 것을 잊지 말아야 한다.

2. 최강의 멘탈로 실전 승부에 임하기

‹‹‹‹‹‹‹‹‹‹‹‹‹‹‹‹
성공한 뒤에는 아직 끝이 아니라고 생각한다

경기에서 승리한 날에는 마음이 기쁨으로 가득해지고, 특히 박빙의 경기에서 승리를 거머쥐면 '아, 다행이다.'라는 안도감이 찾아오게 마련이다. 팀 스포츠일 때는 더욱 두드러져서 큰 대회에서 한 경기 한 경기 승리해 나가면 '어쩌면 이 기세로 우승까지 차지할 수 있지 않을까?'라는 착각에 빠지기조차 한다.

그러나 진정하자. 한 경기의 승리에 일희일비해서는 안 된다. 다음 상대는 여러분 혹은 여러분이 소속된 팀을 철저히 연구하고 올지도 모른다. 이번 경기와 같은 컨디션으로 다음 경기에 임할 수 있으리라는 보장도 없다. 여기에서 말하는 컨디션은 신체적인 컨디션에 국한되지 않는다. 바람의 방향 같은 기상 조건, 경기장을 찾아온 관중의 수, 경기 개시 시각 등에 이르기까지 모든 것이 승리했을 때와 같은 경우는 오히려 거의 없다.

경기에서 승리한 뒤에는 졌을 때 이상의 신중함과 준비가 필요하다. 가장 무서운 적은 '해이해진 마음'이다. '오늘의 상대는 어렵지 않았어.' '다음 경기도 쉽게 이기겠지.' 같은 근거 없는 자신감이 패배를 불러올 위험성이 높은 것이다. 그래서 나는 "끝난 경기는 되돌아보지 마시오."라고 지도한다. 특히 고시엔이나 하나조노 같은 전국 대회에 진출할 가능성이 있는 수준의 팀을 지도할 때는 "가족이나 친구들의 칭찬은 흘려들으시오."라고 말한다. 나아가 "언론의 찬사를 액면 그대로 듣지 마시오."라고도 말한다.

설령 승리한 경기라 해도 되돌아보지 않는다. 승리한 경기도 즉시 잊어버린다. 그리고 다음 경기에 대비한 이미지 트레이닝을 시작한다. 이때 필요한 것은 "아직 이룬 것은 하나도 없어." "아직 끝이 아니야."라고 자신에게 말하며 머리를 식히는 작업이다.

<<<<<<<<<<<<<<<<
실패한 뒤에는 '오늘은 망했다'는 잡념을 지운다

패배했을 때는 승리했을 때보다 더 경기를 되돌아보며 반성하고 싫어지게 마련이다.

'이때의 포지셔닝이 잘못되었어.'

'송구할 때 공에서 손가락을 너무 일찍 떼는 바람에 공이 잘못된 방향으로 날아갔어.'

'아주 잠깐 방심했는데 그걸 상대가 제대로 노렸어.'

경기를 되돌아보면 반성할 점이 한도 끝도 없이 나온다. 그러나 다음 경기가 가까울 때는 경기를 복기하면서 '그때 이렇게 했어야 했는데…….'라고 반성하기를 그만두길 바란다. 패배한 경기를 계속 생각하면 뇌가 점점 부정적으로 되고 그 상태로 다음 경기를 맞이하게 되기 때문이다. 그래서 나는 항상 선수들에게 "경기에서 진 뒤에는 '오늘은 엉망이었어.'라는 잡념을 지우시오."라고 말한다.

잡념을 지우는 방법은 오직 하나다. '긍정적인 마음으로 덮어씌우는' 것이다. 흥분한 마음을 서서히 진정시킨 다음 클리어링을 한다. 그렇게 해서 냉정, 설렘, 과감이라는 세 가지 마음을 만들어나가는 것이다. 그리고 이때 반드시 "아직 다음 기회가 남아 있어." "이번에는 반드시 승리할 수 있어." 같은 긍정적인 말을 자신에게 해주라고 지도한다.

승리했을 때는 머리를 식히고 패배했을 때는 '기'를 다시 불어넣는다. 각 방법은 다르지만 공통점은 '이미 끝난 경기는 잊는다.'라는 것이다. 좋은 일도 나쁜 일도 전부 머릿속에서 지우고 깨끗한 마음으로 다음 경기에 임한다. 오타니 선수처럼 '자신의 성공을 믿는 힘'을 키우기 위해서는 반드시 터득해야 할 마음가짐이라고 할 수 있다.

클리어링 시트를 작성하여 새롭게 시작한다

다음 경기를 준비하기 전에 선수들에게 반드시 요청하는 것 중 하나로 '클리어링 시트' 작성이 있다.

'기를 축적한다.' '기를 단련한다' '기를 다잡는다.'라는 세 과정은 주로 우뇌를 사용하지만 클리어링 시트를 작성할 때는 좌뇌를 사용한다. 준비, 심리, 기술의 세 가지 측면을 확인하면서 적어 나가는데 구체적으로는 다음과 같다.

① 먼저 오늘의 경기에서 좋았던 점과 성공적이었던 점을 떠오르는 대로 적어본다.
② 오늘의 경기에서 드러난 문제점을 적어본다. 다만 경기에 대한 반성이 아니라 어디까지나 '다음 경기'를 위한 분석이다.
③ 다음 경기에서 성공하기 위한 대책 또는 '나는 이렇게 하고 싶다.'라는 결의를 적어 넣는다. 이것은 희망이 아니라 '결의'이므로 "~하고 싶다." "~하자."가 아니라 "~한다."라는 단정적인 문장으로 적는다.

이렇게 클리어링 시트를 채워나가면 다음 경기의 이미지를 더욱 구체적으로 만들어낼 수 있다.

그러나 안타깝게도 대부분의 선수가 이런 작업을 하지 않는다. 오늘의 경기에서 승리한 것은 단순히 운이 좋았을 뿐인지도 모르는데 '우리의 실력으로 이겼어.'라고 믿는다. 그리고 다음 경기에서 우승 후보와 맞붙어 처참하게 두들겨 맞으면 "틀렸어. 상대가 너무 강해."라며 백기를 들고 만다. 이래서는 평생이 가도 발전하지 못한다.

그러니 다음 경기로 나아갈 때는 반드시 클리어링 시트를 작성하기를 바란다. 그러면 이전 경기의 결과를 머릿속에 남기지 않고 깨끗한 마음으로 새로운 경기에 돌입할 수 있을 것이다.

클리어링 시트(아래쪽은 예시)

소속: 성명:

대회: 장소:

일정: 년   월   일   ～   일

결과:

먼저 좋았던 점(성공적이었던 점 등)을 생각나는 대로 최대한 많이 적는다.
그런 다음 이번 경기의 문제점을 적고 다음 경기에서 승리하기 위한 대책과 힘찬 결의를 적는다.

	이번 경기에서 좋았던 점	이번 경기에서 문제점	다음 경기에서 성공하기 위한 대책·결의
준비의 측면			
심리의 측면			
기술의 측면			

소속: ××야구 클럽   성명: 시마다 다로

대회: 전국 야구 클럽 대항 선수권   장소: ○○ 시민구장

일정: 년   월   일   ～   일

결과: 3대 2로 승리

먼저 좋았던 점(성공적이었던 점 등)을 생각나는 대로 최대한 많이 적는다.
그런 다음 이번 경기의 문제점을 적고 다음 경기에서 승리하기 위한 대책과 힘찬 결의를 적는다.

	이번 경기에서 좋았던 점	이번 경기의 문제점	다음 경기에서 성공하기 위한 대책·결의
준비의 측면	상대의 전력을 사전에 조사해 전술을 짤 수 있었다	훈련할 때 실책을 저질렀던 기억을 남긴 채로 경기에 들어갔다	좋은 이미지를 유지하기 위해 좋은 말을 하면서 경기에 임한다
심리의 측면	설레는 기분이 됐고 감정을 조절할 수 있었다	실책을 저지른 팀원에게 부정적인 말을 해버렸다	경기에 들어갔을 때 부정적인 감정에 지배되지 않도록 한다
기술의 측면	이전 경기에서 하지 못했던 베팅을 연습에서는 할 수 있었다	나 자신의 스윙을 할 수는 있었지만 득점 기회에서 안타를 치지 못했다	어떤 공에도 대응할 수 있는 타격 스타일을 확립한다

3. '최고의 준비'로 '최고의 결과' 만들기

《《《《《《《《《《《《《
마음을 정돈하는 것에서 시작한다

경기는 언제부터 시작되는 것일까?

여러분에게 질문하면 "그야 당연히 경기 당일이지." 또는 "심판이 경기 시작 휘슬을 불었을 때 아니야?"라고 생각하는 사람이 많을 것이다. 그러나 전부 틀렸다. 경기 당일도 아니고 심판의 휘슬소리도 아니다. '경기 전날 밤'부터 시작된다는 게 정답이다.

'기를 축적한다.' '기를 단련한다.' '기를 다잡는다.' 등 삼기법을 사용해 최적의 전투 상태에 돌입했을 때부터 경기가 시작되는 것이다. 그러므로 경기장에 들어섰을 때는 이미 멘탈의 기반이 완성

된 상태다. 경기장의 대기실에서 아무리 기합을 불어넣으려고 한들 집중력을 높이기는 쉽지 않으며 '경기 시간까지 긴장을 풀고 편안하게 있자.'라고 다짐해도 실제로는 오히려 긴장감과 불안감이 높아지게 되어 있다. 그런 심리 상태로 경기에 임하면 결과는 불을 보듯 뻔하다. 좋은 결과가 나올 리가 없다.

또한 불안감이 있거나 흥분감이 너무 커져서 통제할 수 없는 상태가 전날부터 계속됐다면 제대로 잠을 이루지 못했을 것이다. 그럼 완전한 컨디션으로 경기 당일의 아침을 맞이하기는 불가능하다. 이런 이유에서 '경기는 전날 밤에 삼기법을 사용해 기를 정돈하는 시점부터 시작된다.'가 앞의 질문에 대한 답이다.

‹‹‹‹‹‹‹‹‹‹‹‹‹‹‹
멘탈 내비게이션 시트를 작성한다

경기 당일에 최적의 전투 상대를 만들려면 어떻게 시간을 보내야 할까? 경기 당일 마음의 지도, 바꿔 말하면 '멘탈 내비게이션'이 필요하다. 186쪽의 도표 「멘탈 내비게이션 시트」를 활용하기를 바란다.

멘탈 내비게이션 시트를 활용하려면 경기 전날까지 다음의 두 가지를 작성해놓는 것이 중요하다.

① 아침에 일어나서 경기장에 들어서기까지의 멘탈 내비게이션
② 경기 직전의 멘탈 내비게이션

먼저 ①에 관해서 설명하면 뇌는 아침에 일어나서 아침 식사를 하기까지 사소한 일로 가족과 다퉜다거나 왠지 머리가 무겁다거나 하는 아주 작은 일에도 부정적으로 되어버린다. 그럴 때는 '이래선 안 돼. 아침밥은 맛있게 먹자.'고 생각하자. 그리고 식사를 마치면 옷을 갈아입으면서 경기에 관해 생각하고 '오늘의 경기가 기대되는걸.'이라며 기분을 전환해 가슴을 설레게 해야 한다. 다시 한번 말하지만 뇌는 자신이 품은 이미지를 실현하려 한다.

'왜 이렇게 짜증이 나지.'

'제대로 잠을 못 자서 몸이 무거워.'

이런 생각이 자기 암시가 되어서 정말로 몸이 둔해져버린다. 그럴 때일수록 도표 「멘탈 내비게이션 시트」에 기입한 내용을 떠올리고 '상쾌한 아침이네.' '몸이 아주 가벼워. 오늘의 컨디션은 최고야.'와 같이 역으로 자기 암시를 걸면 정말로 그렇게 된다.

②에 관해서 설명하면 경기 직전에는 마음이 최적의 전투 상태가 되어 있어야 한다. 이때도 삼기법의 '기를 축적한다.' '기를 단련한다.' '기를 다잡는다.'의 작업을 다시 한번 해서 최종 점검을 한다.

그리고 마지막은 '결단' 작업이다. 최적의 전투 상태로 만들기 위한 '말'을 준비하는 것이다. 여러 가지 감정 중에서 망설임을 없애주는 것이 있다면 그것은 '자신의 힘을 초월한 무엇인가가 나를 지

켜주고 있다.'라는 자신감 혹은 '나 이외의 누군가와 연결되어 있다.'라는 확신이다.

2023년의 월드 베이스볼 클래식WBC 결승전이 시작되기 전에 오타니 선수는 일본 대표팀의 선수와 스태프들 앞에서 이렇게 말했다. "동경하기를 멈춥시다."

오타니 선수의 이 한마디에 그 자리에 있었던 일본 대표팀의 관계자들은 모든 망설임과 불안감을 떨쳐내고 팀의 승리를 향해 하나로 뭉쳤다. 그가 라커룸에서 한 마지막 말은 뇌를 긍정적으로 만들어주는 명언이었다. 여러분도 팀원들의 망설임이나 불안감을 없애주는 마지막 한마디를 찾아보기 바란다.

멘탈 내비게이션 시트(아래쪽은 예시)		
소속:	스포츠:	종목·포지션:
성명:	학년:	
대회명:		
결과:		

★ 아침에 일어나서 경기가 시작되기까지 마음의 지도를 적어나가자 ★

장면	행동(말, 동작, 표정 등)
기상	

소속: ××야구 클럽　　　스포츠: 야구　　　　종목·포지션: 내야수

성명: 시마다 다로　　　학년: 대학교 졸업 3년 차

대회명: 전국 야구 클럽 대항 선수권

★ 아침에 일어나서 경기가 시작되기까지 마음의 지도를 적어나가자 ★

장면	행동(말, 동작, 표정 등)
기상	오늘도 개운하게 눈을 뜰 수 있었던 것에 감사!
아침식사	잘 먹겠습니다! 맛있어! 충분한 영양을 섭취했어!
준비	빠트린 건 없을까? 오늘도 멋진 플레이를 하겠어!
이동	오늘은 이길 수 있을 거야! 경기가 기대돼!
도착	허리를 곧게 펴고 당당하게 힘차게 걷는다
워밍업	오늘은 몸이 가벼워! 좋은 플레이를 할 수 있을 것 같아!

타격 연습	오케이! 좋은 스윙이야!
수비 연습	어떤 공이든 잡아낼 수 있었어!
주전 선발	오늘도 야구를 할 수 있다는 데 감사! 관중들을 위해서도 열심히 하자!
미팅	전략은 완벽해! 오늘은 이길 수 있을 것 같아!
경기 전	쇼타임이다! 우승을 향해 스타트!

4. 마음을 자신의 뜻대로 지배하기

‹‹‹‹‹‹‹‹‹‹‹‹‹‹‹
순식간에 멘탈을 재건하는 방법을 익힌다

아무리 평소에 트레이닝을 거듭해 결과를 남긴 일류 운동선수라 해도 사소한 계기로 갑자기 마음이 흐트러질 때가 있다. 가령 야구에서 훌륭한 재능을 지녀 드래프트 1위가 확실하다는 평가를 받는 투수가 있다고 가정하자. 던지는 구종 전부가 프로 무대에서 충분히 통할 구위이며 어떤 구종으로든 스트라이크를 던질 수 있다. 최고 구속이 시속 150킬로미터가 넘는 데다가 변화구도 각도가 예리해 상대 타자를 연달아 삼진으로 돌려세운다. 프로팀의 스카우트들이 고평가하는 것도 고개가 끄덕여진다.

그런데 바깥쪽 낮은 코스에 자신 있게 던진 빠른 공을 심판이 '볼'로 판정한 순간 '뭐? 이게 볼이라고?'라는 조금 의아한 표정을 보인다. 문제는 이때부터다. 갑자기 제구가 흔들려 사사구를 연발하더니 만루를 만들고 만루 상황에서 맞이한 상대 팀의 4번 타자에게 초구부터 안일하게 한가운데로 빠른 공을 던졌다가 홈런을 맞고 말았다. 결국 그는 이 이닝을 넘기지 못한 채 교체되고 말았다.

이것은 이 투수의 마음이 약해서가 아니라 경기 중에 마음을 컨트롤하는 방법을 배우지 못했기 때문이다. 만약 경기 전날부터 삼기법을 사용해 기를 자유자재로 컨트롤하는 법을 알고 있었다면 결과는 달랐을 것이다. 적어도 주심이 꽉 찬 코스에 던진 공을 스트라이크로 판정하지 않았다고 해서 정신적으로 불안정해지는 일은 없었으리라 생각한다. 이럴 때를 대비해서 '짧은 시간에 멘탈을 재건하는' 방법을 익혀야 하는 것이다. 이것이 가능하다는 증거로 우리는 어떤 특정 규칙을 만듦으로써 부정적인 정신 상태를 아주 쉽게 긍정적으로 바꿀 수 있다.

《《《《《《《《《《《《《

'3초 규칙'으로 말과 동작을 출력한다

짧은 시간에 멘탈을 재건하는 방법이 바로 '3초 규칙'이다. 이미 「최강 멘탈 수업 2」와 「최강 멘탈 수업 4」에서 언급했다. 여기에서는 조금 구체적인 방법을 이야기하겠다.

3초 규칙의 요령은 '이미지를 사용하지 않는다.'는 것이다. 3초라는 짧은 시간에는 의식적으로 이미지를 떠올릴 여유가 없기 때문에 부정적인 상황에서 부정적인 이미지가 입력될 뿐이다. 그래서 이미지를 입력하는 것이 아니라 말과 동작을 출력한다.

3초 규칙에서는 상황에 맞춰 다른 말과 동작을 사용한다. 경기를 우세하게 진행하고 있을 때, 반대로 열세에 놓여 있을 때, 사전에 정해 놓은 다음의 6가지 패턴을 3초 규칙으로서 상황에 맞춰 사용하면 된다.

① 경기를 우세하게 진행하고 있을 때

• 말	"아직 끝나지 않았어."
• 동작	"무리야." "이젠 틀렸어." "포기하자."

② 기쁨을 느꼈을 때

• 말	"좋아, 좋아."
• 동작	주먹을 꽉 쥔다.

③ 안심할 수 있는 분위기가 됐을 때

• 말	"목표는 넘버원!"
• 동작	둘째손가락으로 하늘을 가리킨다.

④ 위기에 빠졌을 때

· 말	"이거 재미있게 됐는걸?"
· 동작	엄지손가락을 세운다.

⑤ 실수를 저질렀을 때

· 말	"지금 건 무효!"
· 동작	손가락을 세게 튀긴다.

⑥ 생각지 못했던 사고가 발생했을 때

· 말	"고마워."
· 동작	웃음을 짓는다.

3초 규칙은 팀 내에서 명확히 규칙화해두는 것이 중요하다. 그 말을 한순간 모든 팀원의 뇌가 긍정적으로 될 필요가 있기 때문이다. 그러기 위해서는 평소에 훈련할 때부터 의식적으로 트레이닝을 해두는 것이 중요하다. 그 결과 상황에 따라 필요한 말과 동작이 나올 수 있게 된다면 경기 중에 뜻대로 멘탈을 컨트롤할 수 있을 것이다.

5. 고락력으로 최강의 뇌 만들기

《《《《《《《《《《《《《《《

비가 와도 운이 좋다고 생각한다

전 세계의 어떤 스포츠든 일류 선수들은 뇌에 끊임없이 긍정적인 정보를 입력한다. 평범한 사람에게는 괴롭고 힘든 훈련도 '이건 매우 의미 있는 훈련이야.'라고 입력할 수 있는 것이다.

당연한 말이지만 이것은 경기할 때도 마찬가지다. 가령 경기가 시작된 지 얼마 되지 않아 비가 내리기 시작했다고 가정하자. 보통은 '빗속에서 경기하는 건 싫은데…….' '그라운드가 젖으면 생각대로 플레이할 수가 없는데 실책하지는 않을지 걱정이네.' 같은 부정적인 생각이 뇌리를 스쳐 지나가게 마련이다. 그러나 뇌가 긍정적으로 됐을 경우는 다르다. '비가 내리기 시작했네. 운이 좋구나. 상대는 내심 싫어하고 있겠지. 이대로 계속 비가 내린다면 반드시 기회가 찾아올 거야.'라고 생각할 수 있게 되는 것이다.

실제로 뇌가 긍정적으로 되어 있으면 그 어떤 악조건 속에서도 믿을 수 없을 만큼 좋은 플레이를 연발하거나 기회가 확대되며 그 기회를 살려서 자신들의 뜻대로 경기를 전개해 나간다. 반대로 뇌가 부정적으로 되어 있으면 평소의 훈련에서 당연하게 할 수 있었던 플레이도 전혀 하지 못하게 되며 나아가 터무니없는 실수를 연발하거나 모처럼 찾아온 기회를 허무하게 날려버린다.

둘의 차이는 단 하나다. '뇌가 긍정적으로 되어 있는가, 그렇지 않은가?'다. 꾸준히 사전 준비를 거듭해 온 사람일수록 설령 괴롭더라도 즐겁게 생각할 수 있게 된다. 평소에 열심히 훈련하는 것도 중요하다는 말이다.

여러분은 훈련 시간에 비가 내리면 어떤 심경이 되는가?

'빗속에서 훈련하면 경기 중에 비가 내렸을 때 도움이 될 거야.'

뇌가 이렇게 생각할 수 있도록 만들어야 한다. 이치로 선수도 이야기했지만 훈련을 정말로 좋아하는 사람은 없다. 그러나 목표에 도달하기 위해 필요하다면 열심히 훈련할 수 있어야 한다.

슈퍼 브레인 트레이닝SBT에서는 괴로운 일, 힘든 일을 즐기는 힘을 '고락력苦樂力'이라고 부른다. 고락력을 발휘해 괴로운 훈련을 극복할 수 있도록 뇌의 힘을 키우면 눈앞에서 펼쳐진 경기도 지배할 수 있게 된다.

《《《《《《《《《《《《《

잠들기 전에 실패를 수정한다

인간의 뇌는 깨어 있는 동안에 일어났던 사건을 수면 중에 정리해 기억하려 한다. 그래서 잠들기 전에 멘탈 트레이닝을 하면 큰 효과를 볼 수 있다. 오늘 깨어 있는 동안에 저지른 실패는 잠들기 전에 수정해야 하는데 구체적으로는 다음의 4단계를 거칠 필요가 있다.

1단계	극복할 과제와 문제점을 떠올린다.
2단계	반드시 성공할 수 있다고 자기 암시를 건다.
3단계	목표를 달성했을 때 자신의 모습을 상상한다.
4단계	다시 한번 목표를 달성했을 때 자신의 모습을 상상한다.

이 일련의 작업을 가급적 취침 10분 전에 해 두는 것이 이상적이다. 우리의 뇌는 쉽게 잊어버리기 때문에 아무리 훌륭한 목표를 갖고 있었더라도 잠이 들고 다음 날 아침이 되면 까맣게 잊어버리는 경우가 종종 있다. 그러므로 취침 10분 전의 조용한 시간을 이용해서 그날의 실패를 정리하고 자신이 성공한 장면을 상상하며 목표를 달성했을 때의 이미지를 뇌에 각인하는 게 필요하다.

수면 전의 멘탈 트레이닝은 여러분이 자주 해야 하는 것이다. 어쩌면 귀찮아지거나 '오늘은 그냥 자자.'라며 타협하고 싶어지는 순간도 있을지 모른다. 그러나 이 또한 여러분이 세운 목표를 달성하기 위해 꾸준히 계속해야 하는 작업 중 하나다. 그렇게 생각하면서 계속하면 이윽고 습관으로 자리 잡아서 매일 반드시 해야 마음이 편해지게 될 것이다.

오타니 선수는 이런 일련의 멘탈 트레이닝에 대해 다른 누구 못지않게 관심과 흥미를 품고 있었다. 아침에 일어나서 밤에 잠들기까지 1분 1초도 낭비 없이 노력을 계속하고 있기에 지금 메이저리그라는 큰 무대에서 대활약을 펼칠 수 있는 것이다. 이 점을 여러분도 꼭 기억해 두기를 바란다.

[칼럼5]
멘탈 트레이닝 세 기둥인 '성신력' '고락력' '타희력'을 발휘한다

멘탈 트레이닝이 세상에 알려지기 시작했을 무렵에 강연의 질의응답에서 이런 질문을 받은 적이 있다.

"종목에 따라 멘탈 트레이닝 방법은 다른가요?"

사실은 전혀 다르지 않다. 이것은 스포츠에 국한된 이야기가 아니다. 비즈니스라고 해서 다르지 않으며 공부 역시 마찬가지다. 어떤 상황에서든 멘탈 트레이닝의 방법은 전부 똑같다. 이때 해야 할 것은 다음의 세 가지다.

① 자신을 높이는 '성신력'으로 멘탈을 키운다.
② 어려움을 극복하는 '고락력'으로 멘탈을 단련한다.
③ 타인을 기쁘게 하는 '타희력'으로 멘탈을 갈고닦는다.

먼저 성신력부터 살펴보자. 의욕이나 능력을 끌어내려면 감정을 긍정적으로 만들어야 한다. 자신의 마음이 즐겁고 두근거리는 상태인 설렘 상태로 만들면 뇌에서 의욕 호르몬이 분비되어 의욕이 높아진다. 그런 다음 목표를 달성한 자신의 모습을 상상하게 해 다음 단계로 나아간다. 이것이 고락력으로 이어진다.

훈련은 괴로운 법이다. '빨리 끝내고 싶다.' '조금은 타협하고 싶다.' 등 이런 부정적인 생각이 들게 마련이다. 그러므로 괴로 운 일을 어떻게 즐거운 일로 생각할 수 있느냐가 중요하다. 즐거 운 일로 인식하면서 조금씩이라도 좋으니 더 높은 단계로 올라 가기 위한 노력을 쌓아 나간다. 그 결과 성장해 나갈 수 있는 것 이다.

마지막 타희력은 타인에게 기쁨을 주고 싶다는 마음이 긍정 적인 힘이 되어가는 것이다. 비즈니스라면 '타희'는 '고객에게 기쁨을 주는' 것이며 스포츠라면 '어린 선수들의 미래를 위해' '지역 주민들의 웃는 얼굴을 보고 싶다.' 등일 것이다. 기쁨을 주 고 싶은 대상이 명확해지면 어떤 어려움에 부딪히더라도 그것 을 극복하려는 힘이 발동한다. 그 힘을 효과적으로 이용하는 것 이다.

나는 여기에서 소개한 세 가지 힘을 종종 자동차에 비유해서 설명한다. 먼저 성신력은 자동차의 엔진 부분에 해당한다. 자동 차가 클수록 엔진 부분이 커지듯이 꿈이 클수록 성신력도 커지 기 때문이다. 그러나 막상 도로를 달리다 보면 예상치 못한 사고 가 찾아올 때도 있다. 그럴 때는 자동차의 보디, 즉 고락력을 사 용해 어려운 상황을 극복하려 한다. 또한 아무리 좋은 엔진을 탑 재했더라도, 혹은 보디가 튼튼해도 연료가 없다면 자동차는 달 리지 못한다. 이것이 타희력에 해당해서 연료를 채우듯이 타인 에게 기쁨을 주는 힘을 채우는 것이 중요하다.

여기에서 소개한 세 가지 힘은 어느 하나라도 빠져서는 안 된

다. 엔진, 보디, 연료 중 하나라도 없으면 자동차가 달리지 못하
듯이 성신력, 고락력, 타희력 중 하나라도 빠지면 멘탈 트레이닝
은 효과를 발휘하지 못한다. 이렇게 이해하면서 스포츠뿐만 아
니라 어떤 분야든 멘탈 트레이닝의 내용은 같다고 인식하기를
바란다.

최강 멘탈 수업 6

오타니 쇼헤이처럼 뇌 만들기

Ohtani Shohei

큰 목표부터 세우고 꿈의 실현을 향해 움직여라

현재의 오타니 선수는 남녀노소가 동경하는 일본의 국민적인 영웅이지만 그런 그도 고등학생 시절에는 안 되는 것투성이였다. 몸이 아직 다 성장하지 않았기 때문에 훈련 메뉴를 소화할 때도 컨디션을 살펴가면서 신체를 단련해야 했다. 이것은 본인에게도 내심 큰 불만이었을 것이다. 어쩌면 스트레스로 느꼈을지도 모른다.

게다가 고등학생 시절의 그가 멘탈 측면에서 높은 수준을 자랑했던 것은 분명한 사실이지만 실전에서 100%의 힘을 발휘할 수 있었는가 하면 그렇지는 않았다. 불완전 연소로 끝난 경기도 많았을 것이다. 무엇보다 고시엔에서 단 1승도 거두지 못하고 끝난 것은 그에게 괴로운 기억이 됐을 것이다.

이런 점을 고려하면 오타니 선수를 동경하는 혹은 목표로 삼고 있는 여러분도 꿈 목표를 찾아내고 보유 능력과 발휘 능력을 꾸준히 갈고닦는다면 그렇게 가능성이 제로는 아니라고 할 수 있다. 오히려 타고난 체격이나 재능만을 믿고 이렇다 할 노력조차 하지 않는 라이벌이 자신의 주변에 있다면 지금은 아니더라도 언젠가 추월할 수 있을 것이다. 그러므로 현재 조금 뒤떨어졌다고 해서 한숨만 쉬고 있을 필요는 전혀 없다. 또 하지 못하는 것이 많다고 해서 꿈을 포기할 필요도 전혀 없다.

먼저 큰 목표를 세우자. 그런 다음 그 목표의 목적은 무엇인지, 어떤 과정을 거치면서 그 목표를 향해 나아가야 할지 생각하면서 꿈의 실현을 향해 움직이면 된다.

《《《《《《《《《《《《《《《

천릿길도 한 걸음부터라고 긍정적으로 생각하라

2023년 3월 8일 오타니 선수가 일본 대표팀의 일원으로서 한신 타이거즈와 평가전을 치렀을 때 이런 장면이 있었다. 오타니 선수는 3회에 한신의 사이키 히로토 투수가 던진 포크볼을 왼쪽 무릎을 꿇고 오른팔만으로 팔로스루follow through를 해서 가운데 담장 너머로 날려 보낸 것이다. 일류 선수들이 모인 일본 대표팀의 더그아웃도 경악을 금치 못했고 개중에는 머리를 감싸 안는 선수도 있었다. 한신의 오카다 아키노부 감독도 "수준이 달라도 너무 다르다."라며 경의를 표했을 정도였다.

분명히 상대의 처지에서는 '낮은 코스로 날카롭게 떨어지는 공을 저렇게 간단히 담장 너머로 날려 버리면 대체 공을 어디로 던지란 말인가?'라는 생각이 들 것이고 지금 야구를 계속하고 있는 초등학생이나 중학생으로서는 '나는 저런 타격은 절대 흉내 내지 못할 거야.'라며 허탈함을 느낄지도 모른다.

그러나 안심하길 바란다. 오타니 선수도 중학생 때는 금속 배트로도 왼쪽 무릎을 꿇은 자세로 담장을 넘기는 타구를 날리지 못했을 것이다. 단계를 거치며 진화했기에 이런 엄청난 홈런을 칠 수 있게 된 것이다.

"천릿길도 한 걸음부터."라는 속담이 있듯이 무슨 일이든 꾸준히 노력을 거듭하는 것이 중요하다.

'이 훈련을 하면 꿈 목표를 실현할 수 있어.'

'무슨 일이 있어도 이 꿈 목표를 달성할 거야.'

'나는 반드시 해낼 수 있어.'

오타니 선수도 이런 긍정적인 마음이 있었기에 진심으로 노력할 수 있었다.

어떤 사람이든 좌절과 실패를 경험하게 돼 있다. 오타니 선수는 그것을 부정적으로 생각하지 않았기에 계속 도전해서 극복해낼 수 있었다. 그리고 지금의 '메이저리거 오타니 쇼헤이'를 만들어낼 수 있었다.

의심하지 말고 성공을 믿는 힘을 갖춰라

투수가 시속 150킬로미터의 빠른 공을 던진다. 축구 선수가 화려한 드리블에 이어 멋지게 골을 넣는다. 육상의 단거리 선수가 100미터 경주에서 10초의 벽을 돌파한다. 하나같이 훌륭한 플레이다.

이것은 평범한 사람이 쉽게 흉내 낼 수 있는 플레이가 아니다. 그들은 꿈 목표를 설정하고 그것을 달성하기 위한 처리 목표를 해결해 나가는 과정을 수없이 거쳤기에 훌륭한 경기력을 발휘할 수 있을 정도의 능력을 갖추게 된 것이다.

만약 여러분이 이런 플레이를 할 수 있게 되려면 수많은 허들을 뛰어넘어야 한다. 사람에 따라서는 '그건 무리야.'라고 생각할지도 모르지만. 그러나 지금 당장이라도 할 수 있는 일이 있다. 바로 '자신의 마음을 컨트롤할 수 있게 되는 것'이다.「최강 멘탈 수업 3」과 「최강 멘탈 수업 4」에서 이야기한 트레이닝을 마스터해 마음을 컨트롤할 수 있게 되면 어떤 어려운 상황에서도 '어떻게 해야 이 어려움을 극복할 수 있을까?'를 궁리해 돌파할 수 있게 된다.

발명왕 에디슨은 하루에 3시간만 자면서 연구를 계속해 수많은 발명품을 세상에 내놓았다. 그는 훗날 "나는 지금까지 일을 한 적이 없다."라고 말할 만큼 설레는 마음으로 꿈의 실현을 향해서 노력할 수 있도록 자신의 뇌를 컨트롤한 것이었다.

'오타니 선수니까 가능한 것' '에디슨이기에 가능했던 것'이라고 단정할 필요는 없다. 그들이라고 해서 특별한 멘탈의 소유자는 아니다. 꿈 목표를 설정하고 그 꿈의 실현을 믿어 의심치 않았을 뿐이다. 바로 이것이 '성신력'이다. 성공을 믿는 힘이 있었을 뿐이다.

<<<<<<<<<<<<<<<
목적지와 과정을 명확히 하라

새해가 되면 사람들은 한 해의 계획을 세운다. 그러나 계획을 세워도 그것을 실행하려 하지 않고 작심삼일로 끝나버리는 경우가 많다. 목표를 단순한 몽상으로 끝내지 않으려면 두 가지가 필요하다. '목적지가 어디인지 명확히 할 것'과 '그 목적지에 도달하기까지의 과정을 명확히 할 것'이다.

가령 '프로야구 선수가 된다.'라는 목표를 세웠다고 가정하자. 야구 소년이라면 대부분이 가지고 있는 목표일지도 모른다. 그러나 "어떤 목적에서 프로야구 선수가 되고 싶은 거야?"라고 물어보면 대부분은 할 말을 찾지 못한다. 즉 프로야구 선수가 되고 싶다는 바람은 있지만 되고 싶은 이유는 찾지 못하는 것이다.

그 이유는 이를테면 '메이저리그의 무대에서 관중들이 크게 환호할 수 있는 플레이를 보여주고 싶다.'여도 좋고 '야구장을 찾아온 관중들의 기억에 남을 만한 플레이를 하고 싶다.'여도 상관없다. 프로야구 선수를 지망하는 목적이 명확하다면 그것으로 충분하다.

목적이 명확해지면 남은 것은 그 목표의 달성에 이르기까지 어떤 과정, 바꿔 말하면 훈련을 쌓아가야 하느냐가 된다. 그 과정에서 미친 듯이 훈련에 몰두할 때도 있을 것이고 옆에서 "이쯤에서 그만두는 게 좋지 않겠어?"라고 말하고 싶어질 만큼 고된 훈련을 할 때도 있을지 모른다. 그러나 그것은 결국 자신의 목표를 실현하는 데 필요한 과정이다. 자신이 세운 목표를 향해 훈련을 계속한 결과 목표가 목표로 끝나지 않고 꿈을 실현할 확률이 높아진다.

만약 새해에 목표를 세웠다면 "세운 목표의 목적은 무엇인가?" "목표를 실현하기 위해 무엇을 해야 하는가?"를 자신에게 물어보길 바란다. 그러면 자신이 세운 목표가 공수표로 끝나는 일은 없어질 것이다.

《《《《《《《《《《《《《《《
한 가지 일이라도 끝까지 해내려고 하라

멘탈은 자신의 집에서도 단련할 수 있다. 이것은 한 점의 거짓도 없는 진실이다.

옛날에는 '정신 수행'이라고 하면 폭포 아래에서 떨어지는 물을 맞거나 절에서 좌선하며 주지 스님에게 경책이라는 나무 막대로 어깨를 얻어맞거나 활활 타는 불꽃 앞에서 열심히 경을 읊으며 불꽃과 함께 번뇌를 태워버리는 호마행護摩行이라는 수행을 했다. 즉 일상생활 속에서는 '마음의 단련'을 쉽게 할 수 없다는 인식이 많은 사람의 마음속에 자리하고 있었다.

그러나 멘탈은 이런 수행을 하지 않아도 단련할 수 있다. 아무리 괴롭고 무슨 일이 있어도 한 가지 일을 끝까지 해내려 하는 정신력. 그 정신력은 '성공에 대한 믿음'에서 만들어진다. 자신의 성공을 믿을 수 있기에 열심히 노력할 수 있는 것이다. 엄청난 정신력을 만들어내는 것은 '자신의 성공을 믿어 의심치 않는' 긍정적인 뇌라고도 말할 수 있다. 이것을 '성신력'이라고 부른다.

오타니 선수도 마찬가지다. 그가 폭포수 아래에서 수행했다거나 호마행을 했다는 이야기는 한 번도 들어본 적이 없다. 오히려 현시점에서는 그런 수행을 '전혀 해본 적이 없다.'라고 봐야 할 것이다.

그렇게 생각하면 폭포 수행이나 호마행은 자신만의 성공을 믿기에 할 수 있는 것이라고도 말할 수 있다. 그래서 고된 수행을 해내고 '나는 달라졌어.'라며 자신감을 느끼는 것이다. 다만 그렇게 해서 사람이 100% 달라지느냐고 묻는다면 그렇지는 않다고 단언할 수 있다. 고된 수행을 하면 언뜻 정신력이 단련된 듯이 느껴지지만 '나 자신을 믿는다.'라는 생각으로 수행한 것이기에 조금 시간이 지나서 자신을 믿을 수 없게 되면 또다시 약한 마음이 고개를 쳐들 것이기 때문이다.

자신만의 성공을 믿는 것이 아니라 주위 사람들과 함께 성공을 믿고 그 마음을 공유함으로써 승리로 연결하는 것이 중요하다.

<<<<<<<<<<<<<<
눈앞의 작은 첫발부터 내디뎌라

새로운 도전을 하려고 생각했을 때 도저히 첫발을 내딛지 못하는 사람이 있다. 이것은 어쩔 수 없는 일이다. 사람은 '큰 변화를 싫어하는 생물'이기 때문이다. 가령 지금까지 아침 7시에 일어나던 사람이 기상 시각을 5시 반으로 바꾼다. 그때까지 2시간을 공부하던 사람이 공부 시간을 4시간으로 바꾼다. 이것은 사실 굉장히 용기가 필요한 일이다. 동시에 망설임도 생기게 마련이다. 그 결과 도저히 첫발을 내딛지 못하는 것이다. 이럴 때는 어떻게 극복해야 할까?

"어제보다 오늘보다 내일은 아주 조금 더 나은 내가 돼봅시다."

나는 슈퍼 브레인 트레이닝SBT의 수강생들에게 종종 이런 메시지를 전한다. 나는 이것을 '미약한 발전'이라고 부른다. 우리의 마음속에 '큰 변화를 싫어하는 심리'가 숨어 있기 때문이다.

평소보다 10분만 일찍 일어나 본다.

평소보다 10분만 더 공부해 본다.

평소보다 10분만 더 트레이닝을 해 본다.

이것을 계속해 나가면 작은 성공이 쌓여서 큰 성공을 만들어내게 되며 이윽고 자신감으로도 이어진다.

처음부터 크게 변화하려 하지 말고 아주 조금만 어제의 나를 넘어서 보자.

새로운 일을 시작하려 할 때 무리할 필요는 없다. 가능한 범위에서 작은 일부터 시작하면 된다. 이 점을 여러분도 명심하길 바란다.

자신의 성공을 믿고 긍정적으로 생각하자

오타니의 신기록 행진은 계속되고 있다

오타니 쇼헤이 선수의 기세는 2024년에도 멈추지 않았다. 2023년에 월드 베이스볼 클래식WBC 우승과 아메리칸리그 최우수 선수MVP를 달성한 데 이어 LA 다저스로 이적해 지명타자로 뛰며 메이저리그 역대 여섯 번째이자 최단 경기 40-40(40홈런 40도루)을 달성하고 전인미답의 50-50(54홈런 59도루)을 달성했다. 전체적인 성적을 봐도 0.04 차이로 아깝게 타율 2위를 기록하기는 했지만 홈런과 타점에서 1위를 차지했다. 현재 선수 가치로 통용되는 대표적인 지표인 WAR(대체 선수 대비 승리 기여도)도 9를 넘기며 압도적인 1위에 올랐다(전부 내셔널 리그 기준).

아직 결과가 발표되지는 않았지만 2024년 내셔널리그 최우수 선수MVP는 이미 오타니 선수의 것이라고 해도 절대 과언이 아니다. 50-50이라는 역대 최초의 대기록을 달성했을 뿐만 아니라 클래식과 세이버 양쪽에서 모두 독보적인 성적을 낸 오타니 선수에게 1위표를 던지지 않을 기자는 없을 것이다. 예상대로 최우수 선수MVP를 받으면 사상 두 번째 양대 리그 최우수 선수MVP 수상이라는 또 하나의 금자탑을 쌓게 된다. 아니, 최초의 양대 리그 만장일치 최우수 선수MVP라는 새로운 기록을 만들어낼 가능성이 매우 크다.

솔직히 고백하면 역자도 닛폰햄 시절의 오타니 선수를 보면서 이도류를 고집하기보다 타자(야수)에 전념하는 편이 좋지 않을까 생각했다. 시속 160킬로미터의 공을 던지는 매력적인 투수이지만 타자로서 더 재능이 뛰어나다고 느꼈다. 체력적인 부담이나 부상 등의 위험성을 생각하면 이도류로는 롱런이 어렵지 않을까 싶었기 때문이다. 게다가 표정에서 구종이 드러난다는 치명적인 약점이 노출된 적도 있어서 더더욱 그런 생각을 하게 되었다. 물론 지금은 그것이 범인凡人의 짧은 식견이었음을 깨닫고 오타니 선수가 투타 양면에서 오랫동안 활약해 주기를 기대하고 있다.

오타니 선수에게 전수한 멘탈 기법을 전수한다

이 책을 읽으면 알 수 있듯이 오타니 선수는 처음부터 이도류에 대한 강한 의지를 품고 있었고 부단한 노력을 통해 가능함을 증명했다. 게다가 일본 프로야구에서는 통했지만 세계 최고의 선수들이 집결한 메이저리그에서는 어려우리라는 회의적인 시선조차도 불식하고 새로운 역사를 써 내려가고 있다. 이 책은 오타니 선수의 멘탈 코칭을 담당했던 저자가 오타니 선수에게 전수한 멘탈 기법을 소개하고 성공 요인을 멘탈의 측면에서 분석한다. 그리고 스포츠에서는 물론이고 비즈니스에서도 활용할 수 있는 멘탈 기법을 가르쳐 준다.

저자가 멘탈 코칭을 한 선수는 오타니 선수만이 아니다. 일본 프로야구에서 좋은 성적을 낸 뒤 메이저리그에 진출한 기쿠치 유세이 선수도 있다. 한국에서는 오타니 선수에 비해 덜 알려져 있지만 그 또한 메이저리그에서 꾸준히 선발의 한 축을 담당하며 활약하고 있다. 물론 애초에 뛰어난 기량을 갖췄기에 가능했을 것이다. 하지만 적어도 필자의 멘탈 코칭이 좋은 영향을 줬을 가능성은 상당히 커 보인다. 그렇게 생각하면 저자의 이야기에 귀를 기울여서 손해 볼 일은 없지 않을까 생각한다.

저자의 이야기는 그렇게 어렵지 않다. 최대한 간단히 말하면 자신의 성공을 믿고 긍정적으로 생각하라는 것이다. 이것은 '성신력成信力'이라는 단어로 설명된다. 어떻게 보면 뻔한 이야기다. 다만 말하기는 쉽지만 실천하기는 어려운 것이기도 하다. 그래서 이것을 실천하기 위한 방법론을 제시한다. 그리 복잡하지 않은 방법들이므로 누구나 시도해 볼 수 있을 것이다. 기본적으로는 운동선수들을 대상으로 한 내용이지만 비즈니스에도 충분히 도움이 될 것으로 생각한다. 저자 또한 본문에서 스포츠뿐만 아니라 어떤 분야든 멘탈 트레이닝의 내용은 같다고 강조한다.

자신의 성공을 믿고 미래를 향한 준비를 하자

오타니 선수는 고시엔에서 단 1승조차 거두지 못했다. 재능은 의

심할 여지가 없었지만 고시엔에서 괴물로 불리며 주목받은 뒤 화려하게 데뷔했던 선수들에 비하면 시작은 어떤 의미에서 초라했다고도 볼 수 있다. 그러나 오타니 선수는 자신의 성공을 믿어 의심치 않으며 미래를 향한 준비를 계속했다. 그리고 지금은 일본 프로야구를 넘어 메이저리그에서도 가장 주목받는 선수가 되었다.

아마도 어떤 분야에서든 오타니 선수처럼 될 수 있는 사람은 극소수일 것이다. 만화책에서도 주인공을 그렇게 설정하면 현실성 없다고 욕먹을 거라는 우스갯소리가 있을 정도의 선수이다. 어쩔 수 없는 일이다. 그러나 오타니 선수처럼 비록 시작은 창대하지 않더라도 자신의 성공을 믿고 긍정적인 마음가짐으로 미래를 위해 준비하는 것 정도는 할 수 있지 않을까 생각한다. 모두가 오타니 선수처럼 성공할 수는 없지만 자신의 꿈을 이룰 수 있다면 충분히 성공한 인생이 아닐까? 또한 긍정적인 마음가짐을 살 수 있게 된다면 조금은 삶이 더 즐거워질지도 모른다.

역자로서 이 책이 미래에 자신의 꿈을 이루는 데 긍정적인 마음가짐이 되는 데 조금이라도 도움이 되기를 진심으로 기원한다.

역자 김정환

고교생 오타니 쇼헤이의 최강 멘탈 수업

초판 1쇄 인쇄 2024년 10월 21일
초판 1쇄 발행 2024년 10월 28일

지은이 니시다 하쓰미
옮긴이 김정환
펴낸이 안현주

기획 류재운 **편집** 안선영 김재열 **브랜드마케팅** 이승민 이민규 **영업** 안현영
디자인 표지 정태성 본문 장덕종

펴낸곳 클라우드나인 **출판등록** 2013년 12월 12일(제2013-101호)
주소 우) 03993 서울시 마포구 월드컵북로 4길 82(동교동) 신흥빌딩 3층
전화 02-332-8939 **팩스** 02-6008-8938
이메일 c9book@naver.com

값 20,000원
ISBN 979-11-92966-93-9 03320